上海诗歌精选

2013—2016

张烨 主编

文匯出版社

城市心灵跳动的声音

——序《上海诗歌精选》

赵丽宏

有人说，上海这样的现代都市，不是产生诗歌的城市。我不能同意这样的看法。中国现代文学史中的很多重要诗人，都曾在上海生活，在上海创作出他们一生中最重要的诗篇，譬如徐志摩、戴望舒、李金发、任钧、辛笛、闻捷、芦芒等。20世纪上半叶，中国的很多诗歌流派曾在上海形成并繁衍，推动了中国现代诗歌的发展。上海当代诗人的这些作品，也证明了这一点。

上海这座城市，年轻、开放，富有活力，是东方和西方的一个令世界瞩目的交汇点。她的苦难和彷徨，她的灵动和辉煌，她走过的曲折道路，她在不同时代的斑斓生活和沧桑之变，都成为诗人们激情和灵感的来源。近四十年来，得益于中国的改革开放，上海这座城市发生了巨大的变化，生活在上海的诗人们亲身经历了这变化的过程。这本《上海诗歌精选》，遴选了2013至2016年间，获得“上海市作家协会年度优秀作品”称号的十几位诗人的新作，是近年来上海诗歌创作成果的一次检阅。这些作品题材多样，关乎城市生活的方方面面，同时也以城市人的视角，关注自然和现代人的精神世界，甚至包括对农耕文明的深情回望与审视，展现了上海诗人宽广深邃的创作视野，以及对于题材深度开掘的智慧和勇气。

纵观本书，上海诗人的作品所表现的主题是丰富多彩的，诗人们创作风格各不相同，但都以自己的方式呈现了对生活和生命的思考。他们的诗中，有惊喜，有困惑，有感叹，有憧憬，有期待，他们的诗句中，有形形色色的上海风景、各种各样的上海人，诗人笔下的上海，是一个生机勃勃的世界。诗歌是心灵的歌唱，是思想和情感的流动和飞翔。这本诗选中的思考和抒情，折射了当代上海人的精神，是城市的心灵跳动的声音。

这本诗集所展现的，当然不是上海诗歌创作的全貌，但读者可以管中窥豹，从中感受上海诗人丰富多样的个性和风格，看到他们优雅不俗的气息和坚定执着的心迹，检视他们在诗艺之道上探索前行的屐痕。

《上海诗歌精选》是一部有代表性的有底气的选本，既传承了上海诗歌创作的优秀传统，又弘扬了城市诗歌创作的现代风范，体现了文学创作与时代风尚、与城市生活之间的水乳交融的血肉关系。诗是心灵之歌，是灵魂写照。上海诗人用呕心沥血的诗篇，为这座城市架起了一道靓丽的灵魂标杆。

近几年来，上海每年都举办各种各样的诗歌活动，创作诗、欣赏诗、朗诵诗，成为市民文化生活中重要的内容。上海国际诗歌节、上海朗诵艺术节、上海市民诗歌大赛等活动的成功举办，尤其是松江作为上海作协诗歌专业委员会的创作基地，努力推进江南文化和海派文化的建设，举行了“新诗百年”名家论坛、“诗·山水·人”研讨会等一系列富有创意的诗歌活动，促进了上海诗歌生态的建设，带动了上海的诗歌创作，催生出一批优秀的诗歌作品，也发现了不少优秀的年轻诗人。以复旦大学、华东师范大学、同济大学等院校为代表的校园诗社势头正盛，以华亭诗社、顾村诗社、新城市诗社等为代表的极具特色的区域性诗社也备受关注。我们生活的这座城市，诗意盎然，到处涌动着源自灵魂的诗潮。

十多年前，我曾经以《让城市上空飞扬美妙的诗篇》为题，感叹上海人对诗歌朗诵的钟情，我曾经这样写：“当那些音乐般的美妙文字在天空中展翅飞翔时，台下无数双眼睛在闪烁发亮，诗人的呼唤使憧憬的心灵共鸣。追寻中的梦和理想，真诚的激情，坦白的心声，千姿百态的语言，透明纯洁的精神，凝合成奇妙的氛围。我想，这种氛围，是我们一直在提倡的城市精神的一部分。能在这样的氛围中无拘无束地放歌吟诗，是诗歌之幸，是诗人之幸，也是我们这座伟大城市的光荣。”这段话，也正好可以用来作这篇短文的结尾。

2019年1月27日于四步斋

上海市作家协会年度作品奖励诗人名单
（2013—2016）

2013年度作家

2013年度作品奖励诗人

2014年度作品奖励诗人

2015年度作品奖励诗人

2016年度作品奖励诗人

2013

年度作家

赵丽宏

赵丽宏

赵丽宏，诗人，散文家。上海市崇明人，1952年生于上海。1982年毕业于华东师范大学中文系。现为中国作家协会全国委员会委员，上海作家协会副主席、上海文学杂志社社长，全国政协委员。著有散文集、诗集、报告文学集等各种专著共八十余部。散文集《诗魂》获新时期全国优秀散文集奖，《日晷之影》获首届冰心散文奖。2013年获塞尔维亚“斯梅德雷沃金钥匙”国际诗歌大奖，2014年获上海市文学艺术杰出贡献奖。

灵魂出窍

灵魂和肉身有时会分离
那便是灵魂出窍
灵魂飞出肉身在空中游荡
却依然未获自由
游荡中的灵魂
想念着曾经寄附的肉身
但是已经无法回去

那就变成一只鸟吧
停在枝头
看肉身在路上匆匆行走

我就是那只停在树上的
我的灵魂
好奇地看着另一个
正在地上行走的
我的肉身
在奔跑，在舞蹈
在人群中东张西望
在屋子里低头发呆
……
树上的我和地上的我
近在咫尺
却天涯两隔

我的灵魂不知道
我的肉身在想什么
不知道去向何方
肉身抬头仰望
却看不见灵魂
只有几片枯叶在风中颤抖
我在哪里呢
我在哪里

出窍的灵魂
也可以变成一面镜子
让肉身在镜子里显形

我就是那面荧光闪烁的
我的灵魂
伫立在床前等候
我的肉身
在镜子里显形
忽闪的荧光中
出现一张惶惑的面孔
却是我不认识的人
一件褪色的风衣
一双露出脚趾的皮鞋
守着一堆打不开的行李
……
或者什么也看不见
空空荡荡的镜子

面对一个陌生的照镜者
茫然失措
相对无语
我在哪里呢
我在哪里

2015年1月9日

访问梦境的故人

一

离开人世二十多年的父亲
突然出现在我的梦中
没有预约，没有敲门
安静地站在我的面前
脸上还是含着当年的微笑
只是目光有一点凝重
我惊奇得大声呼叫
嘴里却发不出任何声音
我向父亲伸出双臂
他却微笑着退后

在我的记忆里
没有父亲的怒容
即便是哀愁和忧伤
也温和得像一抹轻云
谁说梦境和现实相悖
访问梦境的父亲
和生前一样笑着看我
我希望这梦境定格
窗外一声车笛长鸣
无情地把我惊醒

二

我从不害怕
死者成为我梦境的访客
他们常常不请自来
让我一时分不清
生和死的界限
只是很难和他们说话
也无法和他们交往
就像无声的黑白电影
在冥冥之中播放

白天苦苦思念的故人
梦中却难得看见他们
晚上入睡前默祷
来吧，来访问我的梦境
我想见见你们
梦中的门吱呀一声打开
进来的却是我不认识的人
有的甚至从未谋面
其中有书中遇到的人物
也有只听说名字的陌生人
也有长衫飘拂的古人
也有西装革履的外国人

三

一天晚上，长梦不醒
前半程朦胧混沌如在雾里
后半段清晰明白如在月光下
一个只穿着裤衩的男孩
大睁着黑亮的眼睛
迎面向我走过来
瘦骨嶙嶙的身体荧光闪烁
头顶上盘旋着一群飞虫
像牵着一只嗡嗡叫的风筝
他走过我身边侧目而望
黑眼睛里
滚出两滴晶亮的泪珠
他颤动的嘴唇分明在问
你，是不是还认识我

我认识你，我认识你
记忆在梦中也会被唤醒
那是梦中的梦
是飞越时空的真实
又回到那个童年的夏日
你静静地躺在河岸的水洼中
河水刚刚吞噬你年幼的生命
午后斜阳照着你赤裸的身体
你的年龄和我相仿
却让我第一次见识了死亡

死神在水中随手把你带走
把你变成一具无人认领的尸体
在阳光下，被人围观
一只苍蝇停在你的睫毛上
你却不眨一眨眼睛

四

梦究竟是什么
是人生的另一条轨道
是生命的另一个舞台
是现实变形的幻觉
是缥缈的灵光一现
是神秘的暗示
是命运的预演
是先人的咒语
是未来的试探
还是生和死在夜幕中
撞击出稍纵即逝的闪电

我也曾经梦见过死神
那是一个面目不清的阴影
在幽暗中抛撒着一张黑色大网
那是混混沌沌中一个亮点
在遥远的地方闪闪烁烁
那是一片开满罂粟的花园
奢侈地飘荡着艳丽的异香

那是一只长着长长指甲的手
突然在你的面前招摇
那是一辆飞驰的马车
载着你冲下无底深渊

2015年2月25日

暗物质

1.

每一寸空间
都飞舞着看不见的生灵
引导我，阻挡我
打击我，缠绕我
赞美我，嘲笑我
可是，我毫无感觉

2.

逆光行走时
光变得有了质量
从背后推我向前
永远追不上光的速度
却能感觉它
神奇的推力

3.

在高空突然收敛翅膀
失重的身体如箭矢
向下坠落
是撞向坚硬的岩石

还是投奔温柔的湖波

4.

目标在视野中模糊时
依然无法停止
奔跑的脚步
目光迷茫
求助于耳膜
仔细辨听迎面来风
风说：留心脚下吧
地上有看不见的裂缝

5.

你们隐匿在虚无中
是在编织
一个永不兑现的谎言
还是正伺机
造出惊天动地的奇景

6.

流星划过夜空
黑暗中灼烧的瞬间
是生灵划破了黑洞
还是黑洞吞噬了生灵

7.

没有比黑暗更深的光色
所有的色彩和光影
都在它的深沉中隐没
即便是异想天开
也无法将它稀释

8.

静默中
有听不见的嘶喊
炸裂声穿越高墙
却音迹杳然
外套沉寂
包裹沸腾的心
不让任何人谛听

9.

我看不透这世界
世界也无法看透我
X光可以射穿肌骨
伽马刀可以切割脏腑
却难以捕获
自由自在的游思
在天地见闲逛

10.

绝望时挥手
掌握的却是虚无
空中找不到着力之点
疾风如刀
从十指间划过

11.

世界闭上了眼睛
黑夜降临
沉睡的只是疲倦者
有人在思想
有鸟在飞
无数瞳孔在黑暗中放大
耐心等待
世界苏醒

2016年初春于四步斋

2013
年度作品奖励诗人

西　库

杨绣丽

於志祥

袁雪蕾

陈　仓

西　库

西厍，本名张锦华。上海市作协会员，金山区作协副主席，金山区诗词楹联学会理事。已出版诗集《站在秋天中央》《忍冬花，或一个人的黯淡》《十一月的平原》《人间石》四种，散文诗集《万物收藏月光的方式》一种。作品见于《诗刊》《星星》《上海诗人》《上海作家》、文学报、《诗歌月刊》《中国诗人》《中国诗歌》《青年文学》《散文诗》《散文诗世界》《台湾诗学》等报刊。曾获中国诗歌学会第三届“大众传媒·屈原杯”全国诗歌大赛优秀奖、2014年度星星中国散文诗大赛优秀奖、上海市作协首届年度作品奖励“诗集奖”。

标本馆

动物们恪守本分，没有一点声息
这是交付了灵魂之后的默契
无关乎春天的迟滞。它们驯良、安静
在除湿机的嗡嗡声中超脱了凡俗

对于动物们庞大的集体沉默
我没有理由多有微词。它们无一例外地
保持着一种被选择的姿势
我知道它们是空洞的，连同它们的矜持

年轻的生物学老师提及久负盛名的
标本制作世家，感叹其用精湛的工艺为
每只动物保留了生前的某个瞬间
她说您看，就像活着一样

我们在一只虎斑蝶前停留了几分钟
是因为它稀缺的斑纹和濒临灭绝的窘境
年轻的生物学老师指出它（标本）
目前的市场价相当可观。我说那它可是

镇馆之宝。姑娘笑笑说还不是
她说在楼上，还有真正堪称镇馆之宝的
于是我看到了被脱脂填充物
所填充的东北虎，陈旧、暗淡，雌雄莫辨地

站在玻璃柜中，瞪圆了眼睛——
我不能称之为虎视。它的四肢显得过于圆实
我猜想里面已经没有一根骨头
它只是披着自己的皮，模仿着自己的站姿

寒山水

披麻皴的山水藏着寺庙
而寺庙，藏着僧侣和钟声

佛塔斜在偶尔从云层泄出的日光里
它有美妙的灰与慈悲的熟褐

它照拂着每一个人和世界
照拂着每一水木——

每一水木都静冷、不动声色
像被拂擦干净的镜子

每一水木构成寒山水，构成
披麻皴的江南：幽深、秀润、平远

我并不了解小镇全部的黄昏

我并不了解小镇全部的黄昏
我总是在它边缘散步
在它和乡村的咬合处
凉飕飕的晚风几乎要吹散我
就像吹散西沉的晚霞一样

我把脱下的外套袖手抱在腹部
才避免在这出春入夏的节气里变成
晚霞的一部分。我满足于
小镇部分的黄昏：这凉飕飕的风
和很快就会散逸的彤云

我熟悉它冷却的部分
对它热烈的部分则所知有限
那些在夜晚仍然沸腾着的
我都敬而远之——

据此可以判断我不能算是一个
热爱生活的人？不，我热爱生活
但仅限于上苍赐予的部分中
那更狭隘的部分——
比如这凉飕飕的风和很快就
散逸了的彤云，比如这冷却的诗

唯有樱花那么轻

樱花开一瓣是轻的
开一树，还是轻的
风吹樱树是轻的
一大片樱树浸在雨水中
也还是轻的
她若照着湖水
她自己也晓得，她的衣袂是轻的
她的骨肉也是
看花人走过，或者徘徊
他的心上压着这轻：
“一样是哀物，唯有樱花那么轻……”

打桩

一年的好开头有无数种
在春天打桩，应该是其中之一吧
为了加重锤打的力道
挖掘机从地基里抓起一斗碎土然后内勾
成一个巨大的拳头，然后锤击
入土丈余后变得愈加阻滞的水泥桩
嘭、嘭、嘭——声音传出很远但是
闷闷的回声却来自地基深处
在某个瞬间，这回声更像来自我的心脏
哦它几乎要被锤出我的喉咙
我羸弱的心跳
已经很久没有这么贴近和呼应
某种来自土地深处的回声了
我总是在春天心慌意乱
而打桩，更加重了我莫名所以的病症
这一点和父亲是多么不同
他显然更适应这令我心慌的嘭嘭声——
他把对土地的信任交付给十二根混凝土桩
执意要把它们全部打入春天的腹地

钢筋工

凭面相我几乎断定他有一颗铁石之心。
脸膛黝黑，手劲强悍，
一截廿四毫米螺纹钢几乎无力与他较劲。
但是我仍然怀疑他强悍的手劲并非天生就有，
他和廿四毫米螺纹钢也并非天生敌手，
初次交手的时候他多半还是个软蛋？
而现在，他们差不多亦敌亦友。
我猜事情不外如此：年轻时他喜欢硬碰硬，
却常常没几个回合就败下阵来。
直到干过无数次架之后，
他才认识到一根廿四毫米螺纹钢
和自己有多么相似的脾气。因为执拗，
他和螺纹钢成为一世敌手，
乃至有一天，终于化敌为友——
每天干戈相对，旗鼓相当。他出手竭尽全力，
它也只愿意在他手下弯曲和折服；
反之它赋予他粗大指骨，和坚硬到无法剥除的
茧子。他和它，肝胆相照。
“除了螺纹钢，世上还有什么能让他服软？”
我惊讶于这个指骨粗大的汉子居然
不抽烟。他拒绝递到手边的香烟，
温和的笑容里藏着一丝谦卑和腼腆——
他几乎是柔弱的，在一支递到手边的香烟面前。

一条河流的苦夏黄昏史

落日和热风在水面留下各自的字迹
落日负责抒情，热风负责叙事
它们共同完成一条河流的苦夏黄昏史
而云霓，负责让这部黄昏史生出锈迹

但是，如果没有由西向东的
空载驳船和由东向西的满载驳船梭子一样
在水面镂刻下航迹并翻起浮沫
这部河流黄昏史难免残缺不堪

如果没有此岸静默静默的水杉
和彼岸林子上空倦鸟的逡巡盘旋
如果没有水藻的迟滞浮行和吸淤船的突突
泵吸，这条河流的黄昏史

就会因缺乏翔实的历史细节而难以
成为一部信史。挥汗如雨的散步者和骑行者
都自命为历史的记录和传抄者
他们拍下河流的黄昏碎片：模糊或清晰

都被拼成九宫格图，一摁键
一部缩微版河流黄昏史即告修成
所不同的是一个唯心史观者的黄昏总比一个
唯物史观者显得更加辉煌或暗淡些

触碰

你一再触碰柔软的事物
对于触碰铁制品、石头和死亡
保持谨慎。你抱臂向隅，耽溺于抚触
垂老的肌肤，碰到骨头却一阵觳觫

你一再触碰植物和流水
触碰花朵和停栖在上面的蝴蝶
你在触碰春天时常常陷于迷离
而当秋风吹来时，却异乎寻常地警惕

你终身热爱棉花，热爱芹菜和卷心菜
即便是面对麦芒你的眼神也含着
与生俱来的柔情
可麦芒之上的混凝土箱梁却常常带来

不安。不安的时候你一再触碰
父亲肿胀的眼袋和母亲
弯成一张弓的身躯——用忧伤和怜悯
用抑制不住的酸楚和莫名的彷徨

你一再拒绝触碰尖锐冷硬之物但是
它们却由不得你。它们频频的抵近和触碰
让你猝不及防。在警惕和觳觫中
你唯有对柔软之物心怀痴迷和敬意

何陋轩记

那个在园林中设计堑道的人
胸中丘壑大异于时人
他一心要在晦暗年代修筑
一条与北宋山水相接的幽明通道

他要来去自如，故须屏蔽喧嚣
他和世界的抵牾乃命中注定
他所信仰的美
人们要等到尘埃落定后才能心领神会

他是孤独的，心有所属
为了不让它轻易散逸
他结庐于修篁与静水，却又只给它
简陋到极致的竹梁和茅顶

一个把自己还给自然的人
先于建筑，在内心拆掉了所有墙
甚至窗。向世界张开的唯有他的襟袖
东风西雨尽收袖中：何陋之有

每一棵树都是清凉的教堂

我能否声明自己信仰一棵树
我能否声明，凡是树都值得我信仰
我没有一间世俗的教堂，我的教堂枝繁叶茂

那个盛夏跑到雪浪湖看荷花的诗人一定会说
她信仰荷花，连带荷叶一起信仰
瞧，信仰的性别差异性是多么微小

对美和自然的笃信让我们成为同类
而又有各自鲜明的偏嗜
她与荷相映成画，我伫立在一排水杉下

春天时，我曾信仰过一棵香樟
它在雨中静默，有自己的光
现在是盛夏，我信仰自己窗前四五株高耸的水杉

即使到了秋天，深秋，我依然会信仰它们
它们天生肃穆，不容我过于轻浮
现在，它们是我清凉的教堂，度我过这个苦夏

它们高过新近落成的高层写字楼
用细密的枝叶摩挲难得在城市上空徜徉的
清洁的云，并不完全是视角造成的错觉

木樨之香缔造了另一个小镇

木樨之香缔造了另一个小镇，
在我呼吸内外，缔造了对称的氤氲。
我的木樨香小镇温煦、圆满
和安静。我将终老于此。

所有症候在病入膏肓的途中
缓慢痊愈。所有缓慢痊愈的症候
将在月圆时反复发作——
木樨之香正秘密修补着最后的亏损。

而尘世的月光难免会误解人意——
月光隐匿，带走了所有河流
与爱人额头上静谧的辉芒。
我眼窠漆黑，反复推敲入秋以来的措辞。

我将记录所有氤氲的瞬间和
隐秘的永恒，我将终老于此并留下诗篇。
终我一生，我效仿木樨之香
缔造另一个小镇：温煦、圆满、安静。

秋声。或日常之诗

青杨飒飒有声。将近晌午，
我仍兀自坐在这干燥、透明的
秋声里，无所事事。
我一而再再而三地服膺于这伟大的秋声。

这新的秋声，这新的统治者，
像一阵阵潮汐冲刷着我凌乱的听觉沙滩。
它重建了我的听觉秩序，
重建了日常之美的完善体系。

在这朴素的、美的体系中，
我甚至不拒绝任何一个噪音，哪怕是
北面楼里间歇爆发的电锯声，
和南面楼里两个女租客的大嗓门。

它们和若干只鸟雀的聒噪
被统摄在这一阵阵更具魔力的飒飒声里。
在无数的被统摄者之中，
还有隔壁琴童稚拙的练习曲和

楼下人家厨房传来的剁肉声。
劳作中昏眩的妻子正卧床休憩，
而我很快就要完成这首日常之诗——
我们的午餐尚未准备就绪，我这就做饭去。

病中

病中的你不好看
蓬发垢面，窝在床上不肯
下楼。你说，今晚我一个人睡
你到隔壁去……

病中的你把一生的脆弱
摊给我看。不肯梳洗，不肯吃饭
不肯睡觉
用咳嗽把夜撕成一块块布片

病中的你口无遮拦
随随便便把死挂在嘴边
却又要我推背，摁压脖颈
要我把疼痛从身体里挤出去

病中的你灰暗憔悴
年轻与美貌仿佛在你身体的荒野里
一夜走失。我终于有机会
成为你的拐杖

病中的你不再好看
撩开你遮覆下来的额发
一双比年轻时候还大的眼睛
落寞着、期期艾艾着让人怜悯的美

唯有落花才是醍醐灌顶

海棠在阳光下变白，樱花在风中飞坠
你眼睛里的落寞，一日多于一日

这不过是又一次重复：重复回放
和重复预演——启幕，然后谢幕

无须揣测对方心境，你的，即她的
若在花下相逢，你就是她的镜子

她也是你的镜子。你们共同拥有
细密的裂缝和暗淡下去的时间

你们对惊人相似的境遇心存芥蒂
对美的不忍弃置，又让你和她惺惺相惜

你和她面对面，各自沉默、隐忍又矜持
花开的盛景曾让你迷醉

可是锦年如梦，一瓣一瓣在风中飞坠
你醒了：唯有落花能与你互换身世和命运

杨绣丽

杨绣丽，本名杨秀丽。中国作家协会会员、上海市作家协会理事、上海市诗词学会理事、上海市作协诗歌委员会副主任、《上海作家》杂志副主编、《上海诗人》副主编、中国报告文学学会青年创作委员会常务委员。普陀区作家协会副主席兼秘书长。有近十部作品出版。其中诗集《彩虹经天》《雪山的心跳》《永不褪色》等分别获上海市重点创作项目和上海作协年度作品奖励。2016年，报告文学作品“心之途、新之旅”荣获第15届中国人口文化奖文学类奖，诗歌作品获首届“上海国际诗歌节”诗歌比赛唯一的一等奖。2015年3月，曾应邀随中国作协代表团出席在越南举行的第二届亚太诗歌节。2016年，有诗集被翻译成维吾尔语出版发行。

此刻，西湖是宇宙的一颗星

青蝙蝠朝水墨的月亮
动荡时，垂柳都在应和。
游船挤在一起，被
母性的码头牵着。偶尔
能听见它们的肩膀在碰撞
一个遥远的你在碰撞。

此刻西湖是宇宙的一颗星
在永恒的视界上看着——
看着别处的你和此处的我
此刻西湖平躺着，它
不能走出它古老的幻梦。
我无法走出此地
一场失眠：动荡着。

天地为席，西湖为杯

高铁上正有人说起西湖
往事势成惊鸿。于是我想到
有一年我们在湖上泛舟
一只水鸟独自掠过湖面，
此刻窗外的江山独自向后飞驰。
在两个陌生人的交谈中
我独自一个人借用西湖
这个词语饮用着昔日。

许愿词

雷峰塔地宫遗址上
那么多钱币并不知道
它们已成许愿之物。
我不知道，我来到此地
并无许愿之心——我的心上
住着一场爱情的遗址。
那些年我们一起游历的秀山丽水
仍旧安稳，妥当。于是
在彻底的黑暗中，当我闭上眼
想到的并不是许愿之词
而是白娘子的泪。

西湖上，一朵荷的声音

西湖高古，荷花素净，
如一枚枚别针，把人嵌入
过去的某个时空里：
城中，城外，天上，人间……
一朵荷花就是夏天最素雅的言辞，
人世最深沉的面孔——
当画面色彩被它自身所肯定，
天堂立时完成一半——

细数着荷，细数着时间，
我们品味宇宙线条和荷之香醇——
远古之琴带着闪耀和一抹淡定，
汲引一场骤雨的甘霖：
在宇宙尽头，在六尘之外，
一朵荷花就是一段不可企及的旋律，
是一声来自于原初的叩问——
水面之下，荷之根
静虑而深密，如同秘藏
无可替代，那是你内心之荷，
豁然开朗——

浊世流转，荷花安稳，
当我在城中写着它，
它带给我安宁，好像它在西湖上

写着我，写着我那被海水
打磨的语言，写着我沙哑的乡愁……
当它静泊于纸页之上，
天地灰暗，唯此一朵，
如此明亮地穿越茫茫雾色，
独自为人世歌唱——

西湖高古，荷花素净，
一朵荷的声音，无休无止，
显露出时间的光泽和心灵，
好像它是雾锁人世时听闻的一阵笛声，
若没有它，永不知如何
靠近此世的温存——

十二木卡姆

白昼和夜晚的
黄金分割点
在十二木卡姆的
波涛上怒放

我没有忘记
月光像舞蹈的酒
在大地的酒杯之间
跳跃

这些艺人
生起木卡姆的炉火
为人世烫上一壶烈酒
烤出一种沉醉

我没有忘记
这些歌唱
这些直接从绵延的葡萄藤
取出的酒浆
让荒漠向绿洲转换

这些呜咽似的
艾德莱斯绸
紧紧包裹

要攥出藏了很久的纯净
仿佛从巴旦木的壳中
取出喷香的果仁

喀什最好的歌唱
我没有忘记
大地有一根
喝醉的腰肢
湛蓝的湖水
苦痛的银子
有了更为舒展的线条

我没有忘记
这些震颤的舞蹈
让我把陷落
在沙漠的红鞋子
找了回来
让骆驼把陷落
在沙漠的蓝皮筏
找了回来

十二木卡姆
生命的井眼
你沉下去
你就会触碰到
高高的雪山
你深深地沉下去

你就会触碰到

出神的云天

注：十二木卡姆，运用音乐、文学、舞蹈、戏剧等各种艺术形式表现维吾尔族人民的绚丽生活和高尚情操，它被联合国列入世界非物质文化遗产名录，被人们赞誉为“华夏瑰宝”“丝路明珠”。

白盐

盐是会走路的，不穿鞋，戴草帽
走在古代煮盐人的皱纹里
走在父亲劳作的额头上
走在微凉的爱情和近视的双眼中

大海退远时，土质变淡
时间从盐里诞生
盐从血脉里往外点灯
我一路驱车回家，靠近大海的土地
盐从古代往现代点灯
煮海作盐的人，也煮着日月星辰

古盐场的桃花开了，红色的盐开了
咸涩的记忆变成甜蜜的开放
唱卖盐茶的人，挑花篮、八角篮和荷花篮
像挑着幸福的摇篮

大海退远时，大地长高
盐是会劳动的，像润物细无声的春雨
从故乡的群雕上走出来
这是英雄的盐，这是智慧的盐
大海的根系，飞翔的方言
青春般沸腾的热血
在人们心中点起明亮的塔灯

古桥

石头把时间的风暴弯曲于此
我喜欢的溪流
此刻是隐身的状态
我喜欢的银色树叶
此刻是江山的朗读者
当你沿古桥大步流星而来
我和我开花的村庄
像一座火炉，正暖暖地呼吸

让雪回答

让雪，来得更厚一些吧
那时候，我们的房子
就会被寂静所叫醒
我们的道路就会被故乡所安慰

让雪，来得更厚一些吧
让阳光带着我的笑容，
扑到你的窗前
让雪松为了纯洁承受灰烬

让雪，来得更厚一些吧
让松鼠跑得更慢一些
让天空的面包师，
就在这里停留，停留到下一个世纪

那时候，我会沿着积雪走向你
走向幸福的归途
那时候，陪伴我们成长的树
还会刻着蝴蝶的名字

让雪，来得更厚一些吧
让雪回答浮世，它来自爱的原子
它是让大海变蓝的根源
它是让泉水心跳加速的火焰

云上的麦田

你拍摄云朵，
你就是高过云天的天空。
那仰望的澄碧的早晨或者阴郁的黄昏，
云朵载着尘世的雨水或者柔和曦光，
在你的手掌和相机里舞蹈。
她遇见了你的云，它像飞过的小鸟，
有时是美得无法无天的火烧云，
犹如美得无法无天的女人。
天青色的云旋风般舞蹈，
里面藏着淡雅的蚕丝被，
它包裹住了你的眼睛，
包裹住了她的心，
她仿佛听到了你心灵的琴弦的声响。
云上的麦田有时被染成金黄，
云上的火山会吞吐烈焰，
云上的帆船装满尘覆的货物，
云上的明媚好似马鹿，
云上的痛楚仿佛熏风中糜烂的果实。
云上有着天堂里的奶奶，
有着你故乡般的爱恋，
它仿佛就是你的家乡。
她注意到天空中暴涨的王冠，
如同今年秋天的草木，
还有泡沫的河流在蔓延，

在天空，摄住了你微垂的忧郁眼睑。
亲爱的，从深夜到黎明，
她随着你的天空在起舞，
那些白色的沉陷或者升腾，
她愿意和你一起历经和呼吸。
她愿做你天空一枚纯净的石英，
被你摩挲，或者一颗寒星，
静止不动，在你的身体和天空里栖息
无语，直至消隐……

於志祥

於志祥，上世纪70年末开始写诗。作品在上海及其他省市级报纸杂志上发表。后离开诗坛二十余年，重返诗坛后，创作了反映国际题材的诗歌作品。出版了诗集《我的关注，是夏季的瀑布》《冬天之影》《昨夜的雨》《冬天之影》获上海作协2013年会员优秀作品奖。

失联

一只金属结构的机器鸟
风筝一样飞上吉隆坡上空
黑暗中，电波制作的银线
在“好的，晚安”的对答声之后
被悄悄中断了联线

也许是睡眠时间
也许是民航班机就这么方便
半小时后，恐惧被发现
被发现的就两个字“失联”

夜色还未褪去
像患了自闭症的孤燕
是它自己掐断了外界
灯一样明亮的连线

不会是硬闯天体
被太阳羽化了吧？
连卫星清晰的影像
也来不及留下

或许是飓风积郁已久的戾气
突然间爆发
将它在空中不停地翻转

一个猛子往下砸

就那样，两百多双惊恐的眼睛
是否已泪迹斑斑
两百多个不同肤色的紧张
早已汗湿衣衫
两百多名家属的等待
是宁愿接受恐怖的
那份无法掌控的慌乱

世界就这么大
地球上一条小巷
一个行人的步伐
都会被遥远的卫星
用影像传输到别的人家
谁说的“导弹指哪打哪”
还有声呐，还有雷达

海空搜索的一体化
各国联动的协同“作战”
没有开放的海域
没有开放的空域
都一起去看看
马航MH370，你在哪？
答案是否也要等上五十年后再作答

2014.3.23

沉默的“岁月”

“岁月”号，似一台从日本进口的大冰柜
已沉默在二十海里远的韩国岸边
一个个青春的剪影，曾被救生衣包裹
数百个灵魂，却被海水紧锁
无法逃脱的声音，被逃脱的广播淹没
逃脱的学监，无法挣脱
树林中那条羞愧的绳索

两个小时有效救援的时限
所有救生自救的装备
无法重叠“泰坦尼克”自救的画面
船长已然脱离了危险
不需要等待到什么时间

一百多年前的海难在眼前重现
一百多名已脱险的人群中
又有谁会说“岁月”隐秘的故事
还是仍然要在冰柜里冷冻
等五十年后，解封

所有救援和自救
在有效的时间里，没有有效启动
所有搜救，依然在无望的海面漂流
要等待时间，“打捞”两字

才能缓慢地说出口
那就让滂沱的泪雨在天地间抛洒
拍击船体的恶浪
不要拍醒已经昏睡的绝望
岸上祈祷的群雕
身上薄毯的寒霜
佛教和尚也在瞭望大海的远方

2014.4.19

绑架叙利亚

当外部的“主义”绑架了叙利亚
仿佛中东
再现拷贝的“利比亚”
炮弹，背负多重灾难
在巷战中乱穿
楼房横切成段
床单被压瓦砾下
烧焦的锅盘，炸毁的坦克
与不成型的汽车底盘相伴
渗血的绑带，缠在儿童头上
脸上的泪痕，无力托举
空洞眼神
稚嫩的哭泣声，仍遭
空中战机的恐吓
妇女们焦虑的心情
正被街上的坦克碾压
就像展览中的战争灾难
狙击手等待目标的
片刻宁静
不知可否酝酿思想，思考停战
像一位少女，在中东这辆“黑公交”上
叙利亚遭蒙面汉摧残
强暴声，频闭在午夜黑暗
羸弱的抵抗，无声的呼喊

是倔强，还是坚强
是忍让，还是投降，在做决断

“爱国者”导弹，装扮法官
“合议庭”的商谈，在
伊斯坦布尔延长
俄罗斯几个战区的战舰
齐集地中海不平的海面
蔚蓝的水面，是否掀起
正义与邪恶碰撞的巨浪

逊尼派、什叶派、伊斯兰兄弟
祸起萧墙
睿智的先哲快点醒来
让外来的图谋，暴晒在
中东的太阳底下
把苦难的泪水蒸发
让稳健的驼峰
驮起民族的坚强
让沙漠之舟的勇敢
撑起一个民族的脊梁

2013.1.24

参拜

两手向后划动
挺起前胸
后仰头颅
微微翘起燕尾服
的下摆

像一只游水的鸭子
油腻光亮在面部泛起
浮现一层浅薄的
无法平静的镇静

一堆计谋，在目光中
狂野放浪
美好的词汇，粉饰
供奉战犯的
强悍的牌位

“对话，对话”，一串串
和平的谎话
抬腿拾阶而上的步伐
践踏和凌辱邻国的手段

安倍，是否准备打仗
“靖国神社”是否是祭旗的神坛

太平洋东岸，是否准备好原子弹
制作的保护伞
一群野鸭，黑压压
正潜向北方
大陆的彼岸

2014.1.17

走过东京街头

走过东京街头，低声吆喝的
秋叶源，行街两边
成群结队飘荡的幡
是鲜嫩的色彩，晃人眼球的亮点
层层重复的卖场
张张被家电拥挤过的脸
换来算成日元的美元
想起了中国古代、酒肆茶店
门幌上，那款厚重的
遮风挡雨的请柬

走过东京街头，樱花缤纷的
上野公园
白雪红唇飞吻的温暖时节
泛青的草地，飘荡阳光的馨香
与阳光交谈
盛装和服，碎步款款
礼数，是花瓣降落时的避让
春天的年龄，品尝甜蜜
情侣是微风，拥抱绿色的细腻
野餐的风景，是散落的鲜花
绽放着亲情
与春天聚会，邀请中国的富春江水
流经西湖，流经西溪湿地

流经一片开阔
流经疏朗的天地

走过东京街头，清淡的门店
栖息在不起眼的街边
是精致的眼镜，瞭望遥远
中国一副眼镜架上的一颗螺丝
调皮地躲进无法找寻的地方
目光与之对上，维修是
寻常的情况
一位女店员，轻手轻脚
旋上了替代的螺丝帽
材料连同微笑
都被免费服务的表达
惊起了内心，难以平复的波涛
激荡在回中国的路上
与朋友唠叨
日本人在这些细节的地方

2015.5.24

抑止与崛起

一方武装的陆地
转移至别的港口栖息
起飞的霸王鸟
抵近邻居家的门窗
窥探你安睡的床
测量你晾衣架摆放的地方
拍照存入电脑
让CNN记者随访
警告你窗帘的飘荡
影响了它飞行的航道

无法入眠的西太平洋洋面
海底下鱼群纷争
岛礁上风暴喧嚣
被奴化的风雨
淋湿了几个群岛潮热的头脑
几张讪笑的脸，疲惫与烦躁
赤道上的火炉在燃烧

洋流与民航不因此而改道
航标灯透视出水下的丰饶
强弱，贫富，种族
被放大的、东西方之间心灵的距离
直面封锁与崛起

规则存有制定的权利
秩序已然在新旧之间博弈
海上的暴风雨从未停息

2015.7.8

袁雪蕾

袁雪蕾，1977年生，上海松江人，中共党员，中国作家协会会员，上海市作家协会会员，中国诗歌学会会员，现就职于上海市松江区卫生和计划生育委员会。

著有个人诗集《照面》《多想是一束光》《白纸的星空》《云间起吟》共四本，以及两本诗歌合集。参加第十五届全国散文诗笔会。

诗歌发表于《诗刊》《星星》《诗选刊》《散文诗》《延河》等四十多家期刊。作品入选各类《中国年度诗歌》《中国诗歌选》《中国年度优秀散文诗》等三十多种选本，并多次入选《诗选刊》“中国诗歌年代大展特别专号”。

诗歌获“心中的梦”上海市诗歌征集大赛一等奖、《西北军事文学》2013年度优秀作品奖、首届《西北军事文学》年度诗人奖、第十九届文化杯全国鲁藜诗歌奖等奖项。诗集《白纸的星空》获2013年上海作家协会年度优秀作品奖励。

我心里住着什么

蚯蚓的车厢里住着地心的春天
鱼化石的身体里住着涛声
母亲的炊烟里住着千古慈爱
农民伯伯的月光宝盒里住着一粒米
我的心里住着什么

如果住着流火，难免灼伤别人
如果住着泪水，只能腌制自己
就算住满了打小算盘的指纹
转动世界的魔方
拥有烫金的墓碑
那也只是萤火虫的别墅

我每天羞怯地赶路
抽出自己的肋骨做火炬
我心中住着一个盛世梦想
只认准一根神经，一个方向

只要我说美，就能照见青草开满天涯
只要我说爱，就能化作蝴蝶和蜻蜓齐飞
只要我上善若水，就能连通你的暖流
这个世界上有情有义的，都在回来

斗酒书

时间是苍穹的酒水
每个人都是容器
前世的书生寒窗苦读
现在却喜欢在酒肆，用一卷汉简押韵

尘世是一坛大酒
缱绻的一滴与杀伐的一滴，皆出自热血
我不怕喝断流年
只求能够抖擞单薄的胸膛二两雄心

如果有一天我开始戒酒
必定是觉察了
命运之手在阴阳两极推杯换盏的玄机
于是尘封我口
将悲欢离合，窖藏在两只酒靥里
火一样安静

春光

三月，如果我能
站得和明月古寺里的那个人一样高
或者和匍匐在地面的蚂蚁一样低
我就能够看到
灵魂在搬运春光

雨水透明的孩子
点亮泥土，把乳汁送上人间
大河颤抖着奔跑
点亮燕子，回家的地图
小草鹅黄嫩绿的手指
点亮我体内，呜咽的油灯
而我能点亮什么
难道是百年后的磷火吗？

我双掌合十，默念了七遍南无阿弥陀佛
小蝌蚪把水草认做妈妈
我为什么不能捧出一颗真心
把路过的每一个人当作亲人
笑脸相迎，肝胆相照

鹅卵石

桃花流水那么轻
出家人在溪中一打坐，就是千万载
仿佛早已寂灭了心跳和呼吸

朝霞和夕阳无法给它们染上红尘
它们体内的时间如舍利，灰白洁净
明月沉入水底的时候
能听见集体诵经

点香

我以一炷香的形式
立在这里，已经很久

我一截一截地减轻肉身
沿着一条红光闪烁的小路回家
我一寸一寸地缩短欲望
只剩下你燃烧在心尖上

直到我在洁白的香炉里消失
省略了朝拜

莲花

拒绝尘埃，也拒绝江山
妩媚的笑靥不带因果
中空的心脉满怀天地自由
苦涩的莲蓬，深藏群星的慈悲

凝视着一朵莲花
我不由得熄灭了眉间的火把
将爱恨情仇的高度
降低到水面之下

哥哥

新年一过
哥哥就开始忙着用花草布置他的家
他要赶在清明之前
给我铺好一条春风的路

我对着一块竖立的石头喊哥哥
声音好像被吞了进去
我的脸颊滑落两条滚烫的河流
一条很幸福，一条很苍茫
哥哥用花的杯子接了
再用绿叶摇了摇头——羞羞

我不知道生与死
哪一个更接近大地的真相
世上早已没有哥哥了
但是爱一直还在
墓碑上悬挂的新鲜露珠
仿佛都有了心跳

钉子

时刻都感到累
我的心脏，比别人的孤独
重二两

四周空荡荡的
我却不能空荡荡地浮起来
周围还有许多
看不到的东西
深深地将我揳入其中

我成了一枚无法动弹的钉子
只有神的大手
把我从人世间，一点一点挪出去

春风引

秋风有一千种刀法，把草木送上断头台
春风有一万剂药方，证明种子还活着
两股风打结子的地方
是灰烬炼成春雷的胸膛
当群山起伏碧玉带，江河挥动春臂膀
那个学闪电打降龙十八掌的女人
冬眠初醒
静坐菱花镜前，化红妆
五官全是绿色的

人树

一棵树，长成参天大树
靠不停地节外生枝

一个人
却必须忍痛修剪身上的枝丫
否则就可能没有人样

浮生如梦，多少枝枝叶叶落入尘土
循环成来世的花花果果
也定有一颗是为我埋下的
——　雷！

一只小鸟在窗台上叫我

一只小鸟在窗台上，叫醒了我
晨风里小小的钟摆，像极了一个人

他已经把身体和双腿变小变细
把双手变成了一对翅膀
他吃掉了满天星辉
在胸膛安装上一个共鸣腔

我说我留着一泓时光的泉水
等你来啄饮
他说他亲吻的每一片叶子
脉络里都装着我走过的路
以及我一生的青绿和焦黄

他转眼振翅飞到了清风里
大朵大朵的阳光，打开了我的笼子

白纸美人

泉水还是雨点
吻痕还是泪眼
白纸黑字，能够证明什么
缘分的空缺
如何用字来填

午夜零点
我的稿纸恢复空白
稿纸中央坐着一个女人
她的美极具空相
干净易于割伤
多看一眼，就会有闪电扑过来

而我总是
欲罢不能地撩起岁月的幕布
窥探一张纸
就像窥探我心中无边的天涯

掌纹

沿着上游走过去，会不会就是银河
沿着下游走过去，会不会就是黄泉

岔道上，失踪过多少心跳和碎花裙
我开始学习水草，在水中打坐修炼

当你来找我，你紧紧握着我的手
我才知道，那些水流
最终归向哪里

阳光鱼

阳光从来不打架
但我听到火苗噼里啪啦
那是黑子不停地引爆自己
让阳光的影子保持透明

如果我把阳光当饮料喝下去
体内的习气不停地淬火归真
就能变成一条，没有阴影的鱼
即使暗礁抖落我的鳞片
阳光也会立即
为伤口贴满金箔

我多想用鳃过滤掉漩涡
口吐向日葵
把鱼钩拉直了还给渔夫
把慧剑打捞出来
送给时光船头刻舟的人

所有的路都用来回家

无数次，我脱掉这件衣裳
去亲吻月亮的脸
是时空中徐徐降落的影子
带着我和露水一起返回苹果树的枝头

就像是无数次
我为了在山重水复中与你照面
故意一路把自己走失。日暮时分
众鸟用翅膀收拢云彩，返回巢穴
一匹马癫狂了三十里草原
寻找一根月光缰绳

离开，就是为了更深远地抵达
世上所有的路，都用来回家
一道虚光
来回于蔚蓝色的大水和群星之间
留下的唯一结晶
漾入亲人井水般的眼睛

陈　仓

陈仓，70后诗人、小说家。著有诗集《流浪无罪》《诗上海》《艾的门》，2015年推出八卷本《陈仓进城》系列小说集，2017年推出长篇非虚构《小上帝》。作品多次被《小说选刊》《小说月报》《新华文摘》《中篇小说选刊》等转载，小说、诗歌、散文均多次入选年度最佳选本，多次进入中国小说学会等机构评选的年度排行榜。

近年获得了第三届中国红高粱诗歌奖，第二届广州文艺都市小说双年奖，《小说选刊》（2014—2015）双年奖，《人民文学》第四届观音山游记征文奖，首届陕西青年文学奖，中国作家出版集团2016年度优秀作家贡献奖。

中国作家协会会员，上海市普陀区作协副主席，陕西省青年文学协会副会长，曾参加诗刊社第28届青春诗会，为鲁迅文学院第27届高研班学员。

几根奔跑的木头

几根木头，平躺着
在一个没有大树的地方奔跑
我感觉奔跑的不是别人
而是我的母亲，只有母亲
才能长这么粗，长这么大
才会继续燃烧
这些木头是死的
母亲也是死的
被剁掉了枝叶截掉了根
它们还将被分解得更碎
就像我们这些孩子
被分解成一块块
分别运往异地他乡
有的做了地板
有的做了棺材
还有的无缘无故地消失了
变成了一部分火焰和粉尘

陈仓放羊

我昔日放羊在山上
如今放羊在体内

昔日放羊是一群群地放
如今放羊是一块块地放

有时喜欢放羊头
有时喜欢放羊尾
有时放心，有时放肝
有时还放一些疼痛和麻木

昔日放羊吃草喝水数星星
如今放羊喝酒吃药流眼泪
昔日放羊赶着羊到处咩咩地叫
如今被羊牵着鼻子满天下挨宰
昔日放羊是为了让它们怀孕
所以队伍越来越壮大
有的站在屋顶上
有的飘在半空中

如今放羊是为了让羊去受难
所以羊一只只消失
环顾四周
我变成了唯一幸存下来的羊

身体里的一棵树

你一直站在我的身体里
是唯一能把水为我吸干
变成火的人
你是唯一满身带着火不对我燃烧的人
你是唯一面对虚情的时光即使被埋没一万年
再点燃的时候，连灰烬都不留给我的人
你不是别的
你只是站在我身体里的一棵树
我不能砍伐你，也不能进入你
你等着吧，我正在一千米的高空
利用云和云的碰撞
制造这个夏天的一场风暴，准备击中你
你是唯一能把闪电为我变成血液的人

孤独的中午

两只猫，一只白一只黑
在楼顶上消磨时光
我也在楼顶上消磨时光
身体内外只有一个人
我恶毒地想——
两只猫应为一母所生
或者一只是另一只的灵魂
一只是另一只的肉身
孤独是不可以交配的
不然便叫作乱伦和自慰
我也一样，无论怎么幻想，怎么分身
身体内外还是一个人
夏天的阳光很坏
白天它不肯交出另一个爱人

你的水是善变的

你的水站起来是一棵树
发育成熟后是一只乳房
你的水倒下去是什么
已经不是水，也不是雪
你的水是最善变的婴儿
它一会儿藏在土里一会儿躲在空中
一会儿变成蓝色一会儿又变成白色
还会变成黑色与红色
你的水又是最朴素的一条河流
看似平淡无奇但让我欲渡不能
无论与我的疼痛或者甜蜜相处
都会一点点融入
你的水一直向低处流，到达我的
汪洋大海，最后会从最高的位置返回来
你的水是唯一会哭却找不到眼泪的人
唯一没有骨头腰板却挺得最直的人
像极了我越送越远的天空

影子能埋掉我们

影子能被拉长，也能被缩短
能被吸收，也能吐出来
影子是我们身上唯一可以超过我们的器官
我们切不掉它，也收买不了它
影子会高兴地生出我们
也会痛苦地埋掉我们
影子会不会疼痛、感冒和传染
没有人能体会得到
影子内藏着什么金属，藏着什么液体
没有人能揭开真相
想把影子挖个洞，或者是打个补丁
那是绝对不可能单独完成的
影子唯一尊重的只有光
从来不在乎死亡

鱼爬上了树梢

鱼爬上了沙滩，饥饿的沙滩
鱼爬上了路，一条荒芜的路
鱼爬上了墙，一堵有些沉闷的墙
鱼爬上了迷离的灯光
继续朝前，爬上了树梢
树梢是最接近天堂的地方
鱼爬上了我们的手，我们的唇
钻入每一根头发和骨头
鱼全是活的
一条也不想死
这就是我们相遇时的背景
那一天的世界是一个彻头彻尾的养鱼场
你和我，用我们共同的身体
在开闸放水
储蓄一个可供大白鲨出没的海洋

体重说

她的体重在梦中是一个
在别人的心中又是一个
在太阳出来时是一个
在星星满天时是一个
恋爱时是一个
年老色衰时是一个
栀子花开是一个，花落是一个
在我身边是一个
离开我是一个
我离开后三个月就是春天
她觉得自己轻了不少
天蓝了不少
土地冷了不少
她说，自己的体重总在变
像极了空气
起不起雾，下不下雨
有无电闪雷鸣和蛙声
轻重都是不一样的
她说，不知道生前与死后
应该做点什么，才能
让自己的体重保持一致

屋顶上的树

它站的地方风大一点
颤抖得厉害一点
绿意早一点，凋零也早一点
病虫生得少一点，离天堂近一点
它的根
穿过一对小夫妻的尖叫
穿过一个单身汉满心的虚空和凌乱
穿过一位老人的痴呆和麻木
穿过爱人脸上的疲倦和皱纹
还穿过一片未经装饰的期待
它的根，穿过这么多层悬空的生活
才能扎入地下
几个被摆在地面的等待出售的橘子
羡慕它这棵树能够站到屋顶之上
而它羡慕这些橘子能够被人带走
带到一个未知的
那么低的阴暗里

所谓虹化

一根草随风摇摆
结果只留下一把火

一只蚕在连夜
吞食春天
再把自己绑起来
只留下一匹丝绸的温暖

一个僧人端坐于云端
把骨头与肉体全部剔除
结果只留下一道彩虹

均是一瞬即逝的事情
凌乱的皱纹是永恒的
我知道灰烬是永恒的

头发与指甲的麻木是永恒的
谁也别想把这些全部剪掉
因为修行
并非得道升天
而是仅仅止痛

2014
年度作品奖励诗人

徐　芳

施茂盛

徐俊国

季振华

徐　芳

徐芳，1982年开始发表作品。著有诗集《徐芳诗选》《上海：带蓝色光的土地》、《日历诗》，散文集《都市邂逅》《她说：您好！》《月光无痕》，诗文、理论合集《岁月如歌》，文学评论集《小说与诗歌的艺术智慧》等。诗歌、小说、散文、理论作品等多次获得上海市首届文学作品奖、南方文学作品奖，首届《诗探索》中国年度诗人奖、第五届冰心散文奖以及《小说界》《萌芽》《读者》等杂志年度奖，2014年上海作家协会年度奖等。另获得中国新闻奖二等奖、中国报纸副刊一等奖多次。中国作家协会会员，上海作家协会理事、上海诗歌专业委员会副主任。

一月一日，元旦，年的变形

眼睛藏在
一团暗光里
灼灼，定定
查看活动中
我的位置
或你的轨迹

弱电的显示屏
突然变得不安分
我们追着的
大约是多少天之前
或几公里之外的自己？

时间在急剧摇晃
扭曲变形
比如：变成马
或者鸟
或者蜗牛的
一种形体……

一月二日，自有我在

屋外是风
忽断忽续、又湿又干

大地是肃穆得
无法表白
的一片银白

河流浮上来
做梦中的梦
见你的你
就像无路的路

——自有我在

一月三日，一碗热汤

盛在青花瓷碗里的
一碗热汤
一吹如雪
再吹如同碧海
也像鼓满唇齿的疾风
或像追不上的快艇
在刚刚驶离的水面上
激起朵朵浪花

一片沸腾的流动
让一双手两片唇
因为渴望而沮丧
看一眼，等一等
从边缘开始尝试
遍历焦灼
惊恐和亢奋
痛得真切而卷舌了

——而整个世界
却由此安静下来

一月四日，农历腊月，阳光残忍

像可听见的光芒
可看见的呼喊
——万物渐暖
并因此失去
厚度和硬壳
连窗框竟也是
光的一部分；
紧闭的门和斑驳的墙
撑开梦的大模样……

梦里无人——
伸个懒腰
打开手臂
一点高光聚在眸子里

仍在游离
仍在惊愕
仍在不明白
突然站起
奔跑，打开门
——

那一句诗的纵深
被当成了此生的意外！

一月九日，读雪

片片皆吐光芒
仿佛自天地百窍而出
其状缥缈缤纷
烂如锦绣……

茫茫雪野
如高头讲章一部
墨卷五六百
经文七八十
策略三四十篇……

字典缓缓翻起
以甲骨文输入电脑
从苏格拉底
到弗洛伊德……
并不要读多、读厚
乃至读全，但要
读薄、读透、读通……

一直读到一个趔趄
连着下一个：
看见目光结成冰凌
如滔滔小河般
突然静止

上嘴唇
就搁在最高一行雪上
下不来

一月十一日，农历腊八，煮腊八粥

——致母亲

你离开的时候
时间便已不存在
只记得脸上
不解的表情

——

在豆子、米仁
桂圆、核桃等八样里
那首先跳出的枣
如蜜糖中的种子
突然绽开

只有眼泪的热烫
依然淋漓在心上
而以前的那把勺子
掉在地板上

自从我又开始生活
你就和一切琐事
一起显影……
在时间之外
当你来的时候
空间也已不存在

一月十五日，画莲

那一朵红莲的大笑
超过某种限度
是玄幻、穿越
诸如此类……

我不近看，不多看
而眼睛却已觉出刺痛
眼皮就像过险滩的小船
或上翘
或颠簸
或倾覆
——但并不以为意

有多少没有出路的
想象、灵感……
好似露珠、蜻蜓
就在瞬间开裂的花瓣里
乱跳乱蹦
萌动没有萌动过的
也挥洒没有挥洒过的

于是，是谁红了脸
时不时惊喜交加
呼笑齐发，甚而披头散发——
竟让一池静水哗哗醉逝

一月十七日，喊来春天

我已赶在春的前头
侧耳谛听冰雪下
模糊不清的呓语：
今年的飞鸟，去年的游鱼
一阵风跑过，就开始蹦跶
……就像盘旋上升的诗眼

听也听不清
可听不清，也只是要听
看也看不见
但看不见，也只是要看

抹去与拂来一团暖气
一度体温，也就是
一道血液里的虹霓
哎呀，我猛敲窗子
包括胸腔里最紧闭的
那扇——

喊来春天！

一月二十日，农历大寒，雪夜

如一片片羽毛
散作漫天的絮语
也因此使得
冬天的地址
一概变成了：在外

却有一片最亮的银光
倏忽，一掠
我不知我何时来
当然，也不知
什么时候走的

而风在鼓动
影在舞蹈
可就像这场没有
天气预报的
暴风雪：N光年的
对视，却可能只是
把彼此
看没了——

一月二十五日，划破水面

一条冰河，被铁腕
捏成颗颗晶碴
像砸碎的水立方
噼里啪啦，重浪炸响
有连串珠子
不分大小轻重
溅飞……

却还有硬屑
锐利、火辣地
擦破脸颊，打穿
颈动脉，叮当
一记清脆的响声
重敲在麻痹的心上！

三月二十一日，农历春分，飞过都市

好像睡熟似的
她耷拉着眼睛
像孩子般
向后仰着头

摊开的双手上
是她的剪影
两只大耳环
一摇又一闪
……

不看仪表盘也知道
速度一定快得发疯
看道路两侧的路灯
骤然闪过
像在惊恐中
耸起的耳朵——
被抛在
浩大、黏糊
浑然难辨的身后

上下左右、东西南北
倏然消失的
应该还有路

夜色，为之包上
闪闪烁烁的黑面纱；
其实压根没路
因为所有的楼宇
突然挤撞在一起

一拉一跃
是谁飞过
都市——
我颤抖的身体
似在熊熊燃烧
滚烫的程度
好像超过了
汽车轰鸣的引擎

施茂盛

施茂盛，1968年5月生。毕业于复旦大学。上世纪80年代开始发表诗歌作品，曾获1988—1989年度《上海文学》诗歌奖、2012年《诗探索》中国年度诗人奖、2016年度《十月》诗歌奖。有诗集《在包围、缅怀和恍然隔世中》（2005年复旦大学出版社）、《婆娑记》（2013年上海文艺出版社）、《一切得以重写》（2014年上海文艺出版社）。长居崇明岛。

苦修的况味系列

误读

我所描绘的灵魂是不可预见的。
它受自身召唤，在迷途
置一日的花茎于委婉的净瓶。
傍晚，竖立的湖水因不测而形成。

西岸的山上，急雨
如旧物被歌颂。
有人狂奔向我迎面而来；
身上，栅栏敞开着。

我对这个顺从的世界，仍抱有足够敬意，
它在我的哀伤里掺杂了诀别的晚霞。
不知为何，他会抬起屈辱的头颅，
像不同时代的自己，被同一命运选中。

此刻，我们在误读中虚度。
而新的主题已运载着星辰破雾而出。
在虚妄的悲情里，
一个人的传奇就此开始了。

午后

午后。隔壁有人锯木，轻咳；
一小时的脑垂体分裂成玫瑰和蜘蛛。
咖啡杯的银匙在搅动。
匍匐的光影脱下暧昧的裸体。

嗜睡者关心轻度的落暮。
湖面：旧日的碧波与鹅语——
那随手翻开的诗集，
有一堆时间蚀骨的锦灰。

然后，好多人从四面八方涌向我。
我需要他们坐下来，脸上坦露同一神色
我欣喜他们抵消我每天的倦意。
只要稍微松动一下，世界便不一样。

比如，玫瑰和蜘蛛会多一点点——
此刻的阳台上，餐具已摊开。
他空造的凉亭基本筑成，
而我在无限折磨的未知里再次垮掉。

熟客

流经指缝的时间是我的熟客。
我也是我自己的熟客，
可惜它已被使用得太久，
灵魂在它面前竟也无所适从。

每一个缝补的漏洞又无法让它脱身，
任何错误的指令它只当作理所当然的召唤。
什么才能从堕落中唤醒它，
什么才是它抱憾终生的未见。

而镜子给了它所有体面，
遗忘又让它彻底妥协。
它所能完成的
是有别于他人的移情别恋。

而我说再见，它又别有滋味。
在病榻上躺了许久，
它倒记挂起第一次喊出的“疼”。
但时间，却远不是人所共知的诗篇。

欲雪

风团在身体里膨胀，
湖面晾着银子。
世界停顿半秒，欲雪的脚步临近；
一种奇妙的措辞就此溢开。

细部的观察胜似明镜，
可供深究的却不多。
经过的时间需要重新归拢，
像词语的雾气突然褪尽。

从街巷我骑单车去郊外访友，
疾逝的落叶替代了想象。
他坟头经年的银木仍有神力蓬勃，
薄暮中仿佛我的双手在轻拂。

暗下来的屋脊将更凝重，
那么多熟悉的脸都将终结一刻。
我怀揣的礼物也无可言喻，
明日白茫茫一片或有悲伤的温暖。

况味

黄昏溶解在一粒黄色药丸里
而我咀嚼一颗盐，
况味让舌头专注于每一顿垮掉的晚餐
以及晚餐中无用的落日

窗外，有我听来的鸟雀的噤声
但我看不清树冠浮动的每一张热气腾腾的脸
它们，多么荒谬
它们的抵制多么荒谬

一位小吏突然现身薄雾中
他想起死去的父亲曾给予的忠告
在时局无所寄怀的年代
唯有患疾，才不至于绝望

月轮从一块警示板上堵住我
公园里弥散着狐疑的气味
一群没有地址的孤魂涌来充斥着我的房间
嘲笑我仿佛嘲笑一只成癖的笼子

时至深夜，隔壁锯木声仍不断
它将我耗尽，像一只杯子被虚空所磨损
那么，在我坐立不安的时候
我是否也可从逼迫的墙上掘出些什么

郊游

风磨损河岸
凌乱的人群被小区的凉亭梳理整齐
割草机歇斯底里
无以应答的起居时分

斜坡有别离的小径，青丘多空窠
此语出自未至的问候
对于这位爱上落日的邮差
彼时的良愿又如何在此刻的描绘中忽现

郊外，遍地黄花成瘾
柳色击垮半道上的游僧
一根树枝伸展如邻省的天线
用于接受低频的不测之音

旧报纸里筑的塔
笼子外不断加固的笼子
那么多偶然的晚霞
虚无甚于当年的疏忽

屠宰场又成为新的开始
教堂只准备了结束的盆景
一只孤灯不经意间被众目瞩望
不合时宜地延至天明

白鹭

从晚霞中剥开一对沸腾的肺腑
白鹭就此脱下它的黑夜
群山夺目的翠色
此时也强忍住隐喻的交错

斜向一旁的坡道别有一番深意
新枝在湖面，星辰埋草间
可以想象，它缓慢的翅膀正握住灵感
像脆弱的少女来到墨绿的纸上

林中，月光溃散如绑带
春风凌乱唯剩草图
而那些熟睡的，也非假象
一颗松果传递着准确的发音

在云端漫步，白鹭成了自己的补丁
十万八千里的河山支持着它
背负骨瓮隐匿于一架青冈的钢琴
它清贫的羽毛，如薄雪枯死悬崖上

未来它仍有神力起落
来自耳中的寂静露出边界
一只残缺的灯笼指引它
从浮夸的人间带走音信

雪豹

一只银色雪豹在天边逡巡
孑然感受到背负的星辰颤抖不已
雪在大面积地来临
像巨大的耳鸣为同一器官驱使

似受银河的邀请，它踏入雷池
临界的晚霞何其精细
鸟群栖息裂开的石头上
睡眠安卧脑中升起的潮汐旁

这凛冽的呼吸，几近完美
绝境或许只剩它的皮毛
在风团形成的中心
它吐出蓬松的骨头，双目抵近

它承受着它的统治力
赤裸的身体向长空露出弧度
宇宙在它内部溶解
黑暗经由大海炼出了蔚蓝

幼蝶

树枝尽头有一只你看不见的羽化幼蝶
雨水在劝导它
但它数着自己的牙齿
把刚褪下的蛹袋一口吞下

新的雨水总是这样断定
眼前的景致未曾将两岸拆毁
青丝捆住湖水而湖水立在它的断裂中
像出狱的青年回到和解的身体

而黑夜饲养的狮子，因饥饿而昏眩
它的破绽让我们得以看清一颗虚弱的心
将随时为这美妙的世界带来废墟
在雨水中，我们的荒芜总是不够用

我睁开亡者的每一双眼睛
被雨水浇注而雨水不断地吐出它的壳
在它们露出幼蝶蜕变的侧影时
你的源头，却遥如一个老式话题

蜘蛛

向当年的这只蜘蛛致敬
在监狱的檐下用蛛网兜住翻卷的黄叶
少年从窗口看着它
它静止的时候，是多么饱满

季节似乎因为错觉而颠倒
老狱友又在木板上写信
开头总是重复着同样的称呼
可惜他不明白，绝望才是值得的艺术

会遇上一两个有怜悯心的黄昏
它将飞虫的干尸搬到墙角边
秋风已本能地追了上来
满屋子腐烂的气味没有半点松动

现在，唯有时间优雅如永恒的悲伤
在月光中他们从窗口看着它
仿佛记忆又回到了他们身上而
每一根深受消磨的骨头也随之服软

或许我从少年那里秉承了良愿
在同一个薄霜显迹的夜晚
我长出蜘蛛退化的八脚
把蛛网上一根根锈住的松针拔掉

徐俊国

徐俊国，1971年生于青岛平度，中国作家协会会员，首都师范大学驻校诗人，北京大学访问学者。曾参加诗刊社第22届“青春诗会”。获华文青年诗人奖、冰心散文奖、汉语诗歌双年奖、中国诗剧场“诗歌奖”、中国散文诗大奖等。著有诗集《鹅塘村纪事》《燕子歇脚的地方》《自然碑》《徐俊国诗选》《致万物》和诗绘本《你我之间隔着一朵花》。首都师范大学中国诗歌研究中心编有50万字的《徐俊国诗歌创作研讨会论文集》。

致万物(组诗)

散步者：致修辞的拐弯

野鸭对一条河的了解，
不仅仅浮于水面，
还经常沉潜，试试深度。
小时候，我也喜欢扎猛子，
练习憋气，沉溺于危险的游戏。

这些年，生活把我教育成一个散步者。
岸边，酢浆草空出一条小径，
我被尽头鼓励着走向尽头，
把未知的弯曲，走成已知的风景。

这个过程带有惊喜——
春风轻拍枝条的关节，
拍到哪儿，哪儿弹出花朵。

正如你们所知，花开是有声音的。
除此之外，
晨光，唤醒视力……
爱，调整琴键的呼吸……
每一种修辞，
都有妙不可言的拐弯……
所有这些，我都深深迷恋。

黄昏：致神秘

六点，人和神在交换时间。
阳光顺着鸟鸣往下降，
在黑猫的脊背上，弓成一道弧线，
像一个暗示，神秘地拐了弯。
别在此时扔石子，有可能
砸疼一个回家拿相片的魂。

大仓桥：致恭敬

有一些鱼路过我，我却叫不上它们的名字。
陌生是好的。互不相识，也互不亏欠。

一颗安静的心，对得起红尘滚滚的生活，
干净的夜风，对得起一条河蜿蜒向前的浑浊。

从桥上看，北斗七星有些陈旧，
它正好可以低调。不璀璨，也不孤单。
月光也有稀薄的时刻，
但大仓桥依然明亮，因为它古老。

你看，风吹着有沧桑感的事物，
总是那么恭敬。

胃疼：致护士

胃疼发作那天，
爱上大自然。

细雨是输液的小护士，
钉子发过芽，疤痕开过花。
青草改造好一条小路，
用了许多年。

我穿着山羊的蹄印，
慢悠悠回到人间。

知更鸟：致冬日挽歌

悬铃木戒掉叶子，
枸骨和南天竺交出果实，
不断加厚的云层，
在构思一场埋掉膝盖的雪。
冬天的灰嗓子里，
蹲着一只胖乎乎的知更鸟，
它低沉地咳嗽了几声，
凭借感冒，
婉转地辞掉了
大地的挽歌。

小菜园：致两种德行

苦瓜在苦修，
甜瓜在自我陶醉，
小蚜虫好不容易找到嫩叶，
无声的美餐，
根本停不下来。
此刻，瓢虫在午休。

小菜园拥有两种德行：
益虫做好事，害虫干坏事，
大家相安无事，各活各的。

我惊叹于世界的无言。
在雨的肯定里，
万物享受倾泻而下的恩泽。
当风吹过来，带着一阵否定，
小草从容地应付着，
生长得更有韧性。

暮春：致爱的擦伤

恰似去年的杏花重返枝头，
亡蝶探望在世的亲戚。

鹧鸪的啼唤，旧愁未愈。
山这边，物是人非，
山那边，柳絮纷飞。

暮春留好篱门，不挂锁，
爱，带着轻轻的擦伤，
回到家里。

山中：致寂静

在寂静的山中，
有一些桃树被雷电伤害过，
每一片绿叶都带着疼感。
我在晨风中遇见它们：
不在春天哭泣，
只在春天开花。

转瞬，夕照扩散到肺部。

我大口大口呼吸着香气，
打发漫长的一天，
辜负了短暂的一生。

暴雨过后：致樱花

饱尝悲辛的人，
向命运深深鞠躬。
暴雨过后，
那条褪色的小路，
那把空空荡荡的藤椅，
仅仅需要一些樱花，
落在上面。

子时：致隐逸派

向日葵和曼珠沙华属于浪漫派，
自白派弯曲花丝，宣泄闷愁。
最爱隐逸派，
比如简居湿地的鸭跖草，
爱它经典的灵魂蓝，
不声不响结种子。

风已眠，夜露重。
我披了长衫，
隔着红寥草听泉，
万物都有微响，
我往玉簪花的耳蜗里呵气，
它响了一下。

大约子时，
夜黑得渗出蓝意。
我测了测自己的脉搏，
较弱，如睡莲。

敬老院：致灵魂的工作

深夜，趁病友熟睡，
他遛到五公里之外的植物园，
浇花，除草，为盆景松土，
嚼松针，尝花粉……
捡一些落英放进口袋……
天亮前回到敬老院，
倒头大睡。

这个老年痴呆症患者，
曾经的园林工，
每夜梦游，都干着同样的事。
一个人还没死去，
灵魂要做的工作，
已经提前开始了。

蝴蝶穿上我的身体：致庄子

天籁。失重感。
月光，深及夜的穴位。
临界的一刻，
获得梦幻。

我调试翅膀，
像个虚词，飘落在
内部透亮的荷花瓣上。

寂寞是我丢弃的身体，
蝴蝶穿上它，
借流星雨，凝视我。

没有嗓音，
就不必哭泣。
我无限轻盈，
舍不得显出人的原形。

独身：致语言的孝子

从寺庙进去，从前世出来，
这是虔诚的香客。

从当代进去，从古代出来，
这是自然的门徒。

以凋敝的方式离家出走，
带着赋比兴的香气回到亲人中间，
这是语言的孝子。

二月递进为三月，
人升格为人生。
香客在红尘中行善，
自然的门徒在山水间散步，
语言的孝子忍受着独身的自由。

启蒙：致悲伤的弹性

前年的松果还没入土，
又一轮春天从眼眶中溢出。

斑鸠一声比一声低沉，
那是对亡灵最好的启蒙。

枝条之美，来自弧度，
它掰弯自己的时候，
很好地保持了
悲伤的弹性。

恍惚：致老屠夫的脸

稻田深处有白鹭，
小楷般的漫步，
飘忽如隐疼。
江南之美在诗词，
斑鸠也有押错韵的时候，
天蓝得让人心惊。
老屠夫杀生太多，
千万只蝴蝶围攻了他。
它们变幻着牛脸、羊脸、狗脸……
那无声的飞舞，
是五颜六色的亡灵在讨债。
经过蚱蜢溪，
老屠夫在水里照镜子，
一低头，流水把他的脸
拿走了。

滴心湖：致蝉蜕

我垂在柳枝上，
睡了一个软软的梦。
三只绿头鸭，
从我的身上醒来。
它们带着波纹，
向有光的地方游去。
在它们背后，
我是一片无用的暗影，
反衬着岩石的洁白。
凌晨三点，
我命悬一线，
终于蝉蜕成功。

创可贴：致万物

第一贴：风吹睫毛，心有悲伤。

第二贴：活成哲学，疼成歌。

第三贴：咖啡里有乌托邦，又甜又苦。

第四贴：我想解放自己，骑着蜗牛去流浪。

第五贴：我依赖孤独活着，孤独加倍溺爱我。

第六贴：天使的心，也是肉长的。

第七贴：春天可以疗伤，每一片绿叶都是创可贴。

第八贴：天蓝得没有皱纹，水清得可以用来哭泣。

第九贴：我有一根灯绳，还缺一个开关和一盏灯。

第十贴：把落英缤纷的小路卷起来，回家当床单。

第十一贴：我爱的那个我，比我更好。

第十二贴：活在朝霞之上。

季振华

季振华，上海市作协会员。生于1954年9月，上海崇明区人。著有诗集《雨季》《尘世风凉》、散文诗集《星星湖》。

父亲！父亲！（组诗）

面朝南方

一生执着于一个期待
离去，依然留下一个期待的姿势
站在大理石的墓碑里
父亲，面朝南方

南方，雨露丰沛的南方
南方，春天走来的南方
那是父亲一直希望我们抵达的地方
他要看着我们在那里生活
幸福像花儿一样开放

面朝南方
父亲的背对着北面
就像在从前的日子里
他一个人用背脊挡着整个冬天
把我们拢在胸口
捧给温暖的阳光

这就是我们的父亲啊
他大理石的脊背
是风雪无法走近我们的界碑

岁岁年年，朝朝暮暮
为我们守望阳光守望幸福
父亲，面朝南方

绝壁

曾数十次走过的这一天
这一次让我一脚踩空
跌进无底的悲伤
父亲的离去
使这一天成为我生命里的一道绝壁

这一天，父亲离去的背影
在我的眼里放大成无尽的夜色
深深淹没我的悲伤
把太阳冻成了苍白的月亮
这一天，我没有白昼

我像又回到童年的那个雨夜
从此，在扑面的风雨里
谁会深一脚浅一脚地寻找我
举灯照亮我迷路的乳名

这一天，是我生命里的一道绝壁
我积聚的思念
年年到此化成飞瀑
悲壮跳崖

阅读海洋

这本三指宽的通讯录
不知父亲珍藏了多少年
也许十年也许二十年
岁月的长度是父爱的长度

通信录里是我们的电话号码
铅笔写的数字
叫人一看就铅一样沉重
拐杖般点击的深深浅浅的笔触
分明是他跋涉在牵挂里的
日益苍老的脚步

其实，父亲很少拨打电话
他颤抖的手拨不准按钮
失聪的耳朵只能听见自己心底的雷声
可父亲需要这个本子
把它放在晚年的寂寞里
就是把儿子拢在身边

父亲的通信录
一本载满父爱的巨著
翻看它，我像一滴水
阅读深邃的海洋

倾听遥远

我喜欢倾听父亲的鼾声
舒缓、急骤、低沉、高亢
从小到大，每夜我被它浩荡地淹没
心头的幸福一浪高过一浪

这美好的声音
它有被褥下金黄稻草的气息
有灶膛里山芋烤熟的甜香
两片强大地吐纳的肺叶
给清贫的日子鼓荡着蓬勃的生气

穿风漏雨的年代里
枕着父亲的鼾声，我就能安然入睡
我会做梦，梦里有开花的原野
小溪清冽地歌唱
我梦见，穿过滚滚涛声
有一轮太阳鲜红地升起

如今，父亲的鼾声如海潮远去
我失神地躺在空旷的夜里
像沙滩上寂寞的贝壳
竖着耳朵倾听遥远，一颗心
在望不见的波涛里苦苦翻滚

灼痛

遥远的往事永远不远
不远的是那个殷红的烟头
星星般闪烁在岁月里
照亮的不只是我的夜晚

夜半，父亲披衣起坐
靠在床头默默抽烟
明灭的微光把沉重的冬夜
刻成神情沉郁的浮雕

坚韧的父亲也有忧伤的时刻
那是一粒米重如一座山的年代
可父亲把他的焦虑和担忧
总是藏在夜的深处
只以从容的微笑面对我们
因为，我们总是通过他的面容
瞭望每个早晨的太阳

那样的夜晚已经遥远
父亲离去也已经很久
而我的心从此常常在夜半突然灼痛
像是我在梦中伸出的手
触到了父亲烧穿浓夜的烟头

纸钱

父亲的祭日
我折着纸钱
横一折，是一道长河般的思念
竖一折，是一层峭壁般的痛憾

贫困的父亲辛苦了一生
晚年的幸福还刚刚开始
我来不及给他买点好烟好茶
和老年人保健的补品
却只能给他送去一捧纸钱

其实，我从来不信
纸钱真的会对父亲有用
可不把纸钱焚化成烟
我又怎么走近天国的父亲

想起来，就痛得揪心
父亲，赋予我生命的人
如今，一年一度的父子相会
却要经过燃烧的火焰
而我所有的心愿
都成了一道缥缈的青烟

我的2017年1月 （组诗）

1月21日

我和侄子为母亲取药
两个比母亲年轻的生命
两颗急如星火的心
一辆时速100码的车
所有的速度叠加在一起
为母亲的102岁追赶时间
一路侯家镇、新河镇、堡镇
又堡镇、新河镇、侯家镇
行道树纷纷向后倒去
我们像一支呼啸的箭
要射退逼近母亲的那个时刻
这是最后的指望了
我把药小心地揣在怀里
就像搂抱着母亲，和我的命

1月22日

母亲亦已知道
谁都无法阻止这一天
对她一步步的逼近
她只能依凭自己的102岁

和这一天对峙
如同从前面对不可战胜的困厄
她依然是安详从容的
而她众多年轻力壮的子孙
却如缴械的兵士
木立在她的床前，无奈，无助
束手无策，以至无所事事

1月23日

仿佛不让我们守护
昏睡的母亲一次次挣扎着醒来
醒来就为了说一句
“你们都回家吧”
话音轻若游丝，却如破空惊雷
母亲都已抓不住自己了
心里依然全都是她的儿子
此刻，我们又怎能告诉她
我们这一生，无论在何处
都一直在温暖的家里
她造就的我们的身体
就是她给我们的永远的家

1月24日

把手贴在母亲的额头上
想为她挡住另一个世界的来风
可这穿过一个多世纪的前额
终是渐渐凉了、冷了
一如从前她在冬季耕播春天
在这酷寒的冬夜，母亲走了
她走了，依然记着她是母亲
她把最后一丝体温
卸下来留给我们
又以不动声色的安详
带走一身冰凉
为了让儿子们的人间
从此，少一点寒意

1月25日

我在深夜沐浴
明天，要为母亲送行
这个来自父母的身体
一直满载着他们的爱
这爱，绵绵不绝坚不可摧
使它历经六十二年仍完好无损
以后，我要如同对待父母
孝敬、顺从、厚待这个身体

只要我还在世上一日
父母就还在人间一天
莲蓬头如雨的水柱
冲过我嶙峋起伏的皮肤
仿佛泛滥的洪水
漫过母亲缔造的江山

1月26日

三家兄把母亲的骨灰盒
轻轻放进父亲的墓地
我仿佛看见父亲挪了挪身子，给母亲让座
还像看见他们互相打量端详
母亲，和父亲好好聊聊
说说他久别了十三年的人间
说说这些年来家里的儿孙
但不要告诉他儿子也都老了
你们有的是时间，慢慢聊吧
却别像从前，说着说着就要斗嘴
再过十年、二十年或者更久
我们会陆续走来和你们团聚
等你们的儿子都到齐了
就领着我们共赴来世

退休生活（组诗）

早上

早上，买菜、拖地、擦洗
对一向生厌的家务，
如今我热衷投入专心致志
并从中获得以前忽略的趣味
然后，用一碗我热爱的泡饭
慰问这年深日久的身体
它是父母所赐，经久耐用至今完好
依然尽力传递着他们的爱
学会正确老去
学会和老去的自己好好相处
就是热爱活着，把余生作为修行
在那些细微的琐事里
体悟生活的福分

看报

上午九点，我开始看报
从时政要闻到社情民生
新的一天在我的书案上
摊开令人目不暇接的鲜活
我以各种身份和它对话

只有57平方米的退休生活
因兴奋、惊讶和期待而变得开阔
于是，发现自己也在报纸之中
余生，不是一个闲置的汉字
在那些新鲜的资讯里
时而是一个语气助词
时而是一个省略号

午睡

午后，上床小睡
仿佛要为这躯体珍惜时光
借助梦境出窍的思绪
替它醒着，替它追溯、缅怀
领走徘徊不去的沮丧、自责
在它虚度的那些地方
重新植入它所钟情的事物
而它那些未曾说出的爱
也将以宽舒温润回到它体内
愿这屡经挫败仍从容生活的躯体
在午后的万般怜意里获得慰藉
梦里，身心解脱
醒来，无所忧虑

看棋

下午，在街头棋摊
和陌生的路人一起看棋
如同朋友相聚，紧密无间
对着棋局默默想着
替某一方暗暗叫好或惋惜
看罢回家，一路暗暗感慨
如今，哪里还有这样的情景——
一伙互不相干的人
为一件与己无关的事
分担当事者的思虑
投入甚至忘我

散步

傍晚，我在健身步道上散步
大步快走的人们
不断越过我身边
这情景多像我从前的经历
从中，看见了那些越过我的时光
以及被时光裹挟的万物
我好像一直是个落伍的人
现在又被衰老赶上
前方已一览无余没有悬念
从此，我只想慢慢走着

让晚风掠过灯光
更多地吹走体内的暮色

写字

夜里，依然喜欢写字
依然喜欢用纸笔表达对文字的虔敬
那些获得我气息和体温的文字
它们的笔画间也有了我的神经
和我一样敏感、多情、感伤
替我忧欢，替我歌哭
在我不知所措的时候
是我最后的藏身之处
有一天当我已不在这个世界
在某个不为人知的角落
相信它们依然会和我相守
如同今夜，和我站在一起
守望在这一方雪似的纯白里

2015
年度作品奖励诗人

张　烨

孙　思

缪克构

李天靖

张定浩

张　烨

张烨，生于上海，上海大学教授，中国作家协会会员，中国诗歌学会理事，上海作家协会诗歌专业委员会主任，上海作家协会理事。已出版个人诗集《诗人之恋》《彩色世界》《绿色皇冠》《生命路上的歌》、《鬼男》《隔着时空凝望》及散文集《孤独是一支天籁》。作品选入百余部诗歌选集与多种诗歌鉴赏辞典，并被翻译成英、法、日、爱尔兰、罗马尼亚、越南语等多种语言，其中《鬼男》由爱尔兰脚印出版社用英文、爱尔兰文、中文三种语言出版。2004年10月应邀赴爱尔兰都柏林参加《鬼男》首发式（在世界著名的圣三一学院图书馆举办），由爱尔兰当代年近八旬的著名女诗人玛丽·麦克·安·骚伊亲自主持。爱尔兰诗歌界给予《鬼男》极高的评价。作者还应邀分别在爱尔兰大剧院、都柏林广播电台、凯特市、丁戈市举办了四场个人诗歌朗诵会。2000年9月随中国作家代表团赴挪威参加“中挪文学研讨会”。诗歌界约有40篇评论张烨诗歌的专题论文。

夜过一座城市

火车的呼啸传到你这里已成为微风
微风轻轻走过不触动周围什么
但花草已经认出，涌起战栗、低唤
今夜，我也是一阵微风

求乞的女孩，阳光跪在你面前

淡黄的长发披散着
宛如玉蜀黍的缨穗遮掩
珍珠般的脸盘
为着小小的愿望
你低垂着稚嫩的脖颈
默默地跪在阳光下
你是否觉得阳光也跪在你面前
就像树跪在落叶的苦难面前

1984年11月

雪猫与女人

我喜欢
蓬松白云
野花般倦慵在地上
没有谁会注意一只猫的奔跑
我贪玩，整日找吃
没有意义的存在
晚上好！世界
晚上好

雪花携着那个女人来了
来得像一段
忧患岁月
雪花用复杂情绪表达着她
一半温柔一半狂悖
一半躁动一半静美
就像人间八卦
把宇宙缠绵成黑白两条鱼
一半阴
一半阳

高冷，就这样飘着别堕落
银装世界已乘坐雪橇下滑
被凶猛黄色染浸
我岂肯喝下变质养料

伤害惊心动魄
污垢犁开白雪

弓起腰，妩媚，舞起前爪
对夜空做一个妖冶姿势
真有那么严重？

生儿育女，我不愿卷入
我缺乏母性是因为具有太多的母性

她在落泪？严重了
严重时刻，严重时刻
我奔过去对她说
漂亮女人，别耸起敏感触须体味
夜之悲凉
衡山路灯色昏昧，咖啡香，酒香，烤鱼香
带一只咪咪去潇洒
让流浪也高贵一下。其实
饥饿流浪而看着雪景也是快活的

风猛撼，雪狂下
整个人生要被今夜围困
头脑清醒，脚步迷惘
这不是我一个人苦闷
这，不是我一个人苦闷

唉！这样活着
远不如我们
猫类自由
猫类世界也很大
管他呢，自由就是心大
放得下自己容得下天地
忍不住
喵呜一声
她旋即转身
目光缓缓刺痛我背脊
留下女人缝纫的痕迹

夜的黑须飘啊飘
我在蓬松白云上面无忧奔跑
晚上好！世界
孤独的女人
晚上好

与陌生男子的谈话

1 街 景

走在大街上
脚步，回响在月亮
地面的每一分钟，强化我的
贫穷意识。贫穷意识
一种紫色的射灯从幽暗的底部
将灯光向上投射整幢高楼
高楼像巨型的紫玻璃
我又经过巨型的金玻璃、绿玻璃、蓝玻璃
街景透明易碎
我不敢，用手指捅破它
我是囊中空空的局外人，大千世界
一个漂流的诗的符号
街景一天天陌生起来，昂贵起来
硕大无垠，如同思念
我走在大街上
脚步，回响在月亮

2 一个简朴的小酒吧

我喜欢这里的清静
简朴的艺术氛围
烛光幽幽，瓶内只插一枝玫瑰

没有甜腻的港台流行歌曲
没有多得不能再多的沙哑嗓音
此刻情绪处在最佳状态
我要了一杯雷司令慢慢喝
拉威尔波莱罗旋律牵动那朵玫瑰
将我从小酒吧引向大沙漠的空旷
陡然来临的创作冲动
我摊开纸，开始写《世纪末的玫瑰》

3 恐怖的黑色音乐

不知什么时候《波莱罗》被撤了
换成了《黑色的星期天》旋律
我仿佛感到坐在角落里的一位男子
在悄悄注视着我，目光阴冷
我难免有些紧张
一位年轻漂亮的女士突然高声喊道
“这音乐，我实在受不了啦！”
她猛地举起酒瓶，砸开自己的脑袋
有人推开桌子，“杀人的音乐！”
火光中一幢幢摩天高楼
冰淇淋似的瘫软下来
男男女女捂着耳逃出酒吧
我依旧恍恍惚惚坐着
黑色的星期天，恐怖的魔咒
无法忍受的刺激与悲伤
如同烈性酒灌进我的心中

我好像觉得两腿断了，淌着血
一个自杀的念头诱惑着我
但音乐很快消失了，一切恢复原状
像重砌的高楼，不着
毁逝痕迹，残酷的表情
再现世纪魅力

我的内心
长久地回荡着世界毁灭的声音
不是惊天动地的巨响
而是玻璃杯轻轻的一声破碎
而是一段低低的流泻着苦难的音乐
哦黑色的星期天音乐
集整个宇宙凄怆的灵魂之声

4 与陌生男子的谈话

A)角落里的那位男士正风度翩翩
走来。在我对面默然坐下
顺手拿起《世纪末的玫瑰》
我不作声，心中厌恶他的无礼
“女人有灵魂，有思想
实在不是一件好事情，世界的秩序
要打乱了。”他边读边调侃
我鄙夷地从他手中夺回诗稿

B)“你看你看你，直来直去
这，叫什么来着？扫兴。性感，你不懂？
你缺乏身体意识，吸盘
有着个吸盘不用，蠢
谁愿意炒热你？
所谓文学，生生的葵花子
要炒一炒才香哪
盖着权威印章，毛茸茸的炒手
家天下，帮派天下，哈哈
够瘾，真够瘾，真他妈的够瘾
怎么样，要不要我替你想想办法？”

C)“你够无耻。但也不无道理
人间有清泉
乌鸦也有白的。再说
我也无所谓，不在乎。”
“那你在乎什么？”
“在乎我的心，我的灵魂。”
“灵魂实在不是一件好东西
实在不是一件好事情啊。”

D)“你想独立？
独立一词是我辈拿来骗人的谎言
藤萝依傍大树，天经地义
就好比小姐傍大款
独立是一块美丽的大石头独立是一种悲剧美
当它成为路障

人们就会毁了她，粉碎她
推沉河底，别想浮出水面。”

E)“宁为玉碎，理想万岁
所谓理想就是在疼痛里不改变意志
为理想而痛苦算不得什么
最怕滑稽的时代
让理想出演滑稽
连空心的稻草人
都能向它泼洒酸雨鸟粪。”

F)“中毒不浅！中毒不浅！”
他开始默不作声。可我听见
独裁者眼睛发出一声声叹息
叹息化成雄鹰，刺的一声
飞出酒吧的窗口消逝在天际
“你真像一个顽固透顶的医生
推着针筒，把理想注入玫瑰
毒了香柔的花瓣。”
“理想有毒？”
“理想是另一种海洛因
开始瘾，最终献身。”

5 袖内的枪口

无聊。我起身欲走，无聊
“小姐，你一点也不想知道我是谁？”

“你是谁我有在意的必要吗？”
“我只是想帮帮你的忙。”他讪讪地说
“谢谢。可我并不需要你的好意。”
“不，你很痛苦，一直很痛苦
灵魂长满了思想。”
他确有吸引女性的魅力
我开始有点喜欢他
我问：“灵魂是附在头脑还是心里？”
“灵魂无时无刻不在体内游荡，灵魂
是极难击中的，特别像你这样——”
嘿嘿！他极不自然地笑笑
宽大的袖口好像在掩饰什么
我一眼瞥见他袖内的枪口
我惊叫一声，抡起烛台朝他扔去
头也不回地逃出小酒吧

6 深夜，又一种街景

身后传来追踪的脚步声
在深夜的大街我四处逃窜
狼似的嚎叫，没有一个人来援助我
枪响。子弹从身旁、头顶呼啸而过
我藏匿在一堆废铁后面
那个男人在怒吼：“我原不想要你死
只想射杀你灵魂，你别想躲过我
灵魂射杀了你照旧可以活着
我最难以容忍女人灵魂的高贵、深刻。”

在深夜的大街上，我披头散发
恐惧而沮丧地寻找灵魂的栖息地
感到需要宁静

孙　思

孙思，中国作家协会会员，上海文艺评论家协会会员，上海市作家协会理事，原上海某高校美学讲师，现为《上海诗人》副主编。著有诗集《剃度》《月上弦月下弦》《掌上红烛》《聆听》，思想理论研究专著《走进大学生心里》填补了国内同行业空白，成为全国各大高校图书馆收藏本。有诗收进《新诗鉴赏辞典》《新诗300首》《中国年度经典诗选》《中国现代禅诗精选》《上海诗坛三十家》等各类诗歌选本。有评论获第七届冰心散文理论奖，诗集《掌上红烛》获2015年度上海作协会员作品奖，诗集《聆听》为2017年上海市作协重点扶持项目。

以民间的方式，打开上海（组诗）

上海的黄昏

上海的黄昏被带着硬度的
高楼，割得七零八落

所有的路被人和车塞满
车尾的废气，蒙古马队般
直往人的五脏六腑奔

这些裹着烟雾般的黄昏
似乎是最后一坨砝码
压着人们已经弯到地平线以下的耐心

偶尔，通过高楼的缝隙
看到太阳剩一个椭圆的边
慢慢往下坠

近旁谁家养的鸽子
在房顶上咕咕叫，似乎在商量
来世绝不做鸽子，看主人脸色

远处墙边，不知名的花开着
有一种微微的药香

内敛、沉静、低调
不似脂粉香水，蛊惑人心

墙下，给别人画像的老者
脸上的皱纹，山势陡峭
似乎连最后一丝水分
也被生活抽空，成了一座
年代久远的空山

外滩的钟声
常常会在这时响起
把被高楼挤瘦的微弱余音
送到人们耳边

街边的树，会在这时突然亮起
星星闪烁，颇有满树繁花
开不尽的意味

上海的夜晚

上海的夜晚，灯光的艳丽
让灯光之外的月光
只能远远地、凉凉地
隔着几千里地似的望过来

月亮成了
人们遗忘的一只旧币
被人们从一只口袋
放进另一只口袋
像那些很少水落石出的故事
被夜色松松打个包裹
扔在了林立的高楼后

偶尔，一条很老的小巷里
一两盏陈旧的路灯
顶着发黄的光罩，孤零零地
立在巷子里，极像一棵
长坏了的玉米

这个时候，你忽然很想
清风白水地重新做一回孩子
或者让自己像一只猫
在狗蹿不到的高处坐着

后半夜，路上的人开始零星
灯光从一些半开或紧闭的门缝里
大屏幕的广告里，汩汩淌出
把立在江边和街上看景的
一个个摩挲得温润如玉

偶或会有人发现
街边的垃圾桶旁，半蹲着一条
被人遗弃的狗，因为没有人知道
它们的伤在心里埋着，连血也不敢
流一滴，所以才用忧郁的眼神
看着这样的夜晚

而夜色下的黄浦江
默默带着上海这座城市的
细节和故事，缓缓东去
然后入海

上海的天空

没有台风的影响
上海的天空也很纯净
像大雨初晴的地面
有着异常清澈的天和云
仿佛张开臂膀一跃，就到了天堂

到了中午，天空常常飘过
一大朵一大朵的白云
这些白云像一块雪地
藏着一口无人知晓的井

如果是夏天，到了傍晚
叫了一天的知了，嗓子
像在风里吹过一个冬天的柴火
仿佛裂开了许多条缝
一缕一缕的，每一缕
都暗哑地爬了出来

天空下，那些纵横交错的
高架、铁轨、立交，是上海
蜿蜒屈伸的血管，它们以一种躺着的姿态
向前伸展

一幢幢摩天高楼
让你无论在近处，在远处
都担心着，它们突然玻璃一样扑下来

一些等待拆迁的老楼
因为蒙裹了太多风尘
突然间老了，疲惫不堪地
靠在路边，像一个迟暮的夫人
残忍地显露着她的褶皱和寿斑

偶尔，有一两只野猫
坐在墙角边，瞪着琥珀色的眼睛
目光定定地植在墙壁上
似乎那壁上，会突然蹿出
一只活物来

上海的雪

上海很少下雪
即便下，也象征性的
蜻蜓点水式的，绝不海派
而是以一种民间的方式
飘下来

尽管下得少，但毕竟是雪
和雨不一样，它会飞
有一种入骨的凉

像榆树的叶子，斜斜地
一片片飘摇着，从高空往下落

这些雪只是在房顶上
树枝上、地上薄薄地铺一层
即便这样，也像刹那间换了人间
一下子变得通透

再找不到一些折痕
就连肮脏的也变得洁净
无论这个夜晚发生过什么
似乎都可以被雪覆盖

偶尔会有一只鸟
因为找吃的，两只细细的脚
在雪地上不停地走
似乎一辈子的路
都被它走完了

到了夜晚，什么地方
有一只猫，在哭
哭声寒冷而赤裸
哭得人心也像这雪原一样
冰冷而荒凉

上海的月亮

上海的楼太高
月亮立在楼顶时
常有立在悬崖边的惊悸

这些迎面而来的高楼
陡峭得站不住一只鸟
或一只猫，但人却可以
在里面肆意地穿行，甚至
唱歌和舞蹈

月亮觉得自己
在上海的夜空里
像一个胎儿

她的光也像胎儿一样
毛茸茸的，光滑得连一个
骨节都没有

在这比白昼更像白昼的地方
自己更像是一种
被装进容器里的液体
没有灯光的温度
只有一种冰凉的釉质的光泽

月亮知道，在上海
无论是走着的人
还是车里的人，都极少抬头
看她，哪怕是偶尔

只有一些老人，会在窗口
或阳台上，对着自己发呆
因为他们年轻的记忆
都在她这里活着

上海的黎明

上海的黎明，大多时候
呈青白色，像刚开过刃的刀片
闪着微微发蓝的冷光
这个时候的天幕，仍有点点繁星
像开满荠菜花的田野

远处，苍天与大地
被鱼白肚一分为二后
留下一道清晰而又
笔直的裂痕

而黎明下的黄浦江
一丝涟漪都不见
只有一股清冽的凉气
从江面上远远地，向人迎面扑来

几只早起的江鸥，音符一般
高高低低，从江面上掠过

江边的码头上
灯光孤零零地立着
像一个人远眺的目光
里面的忧伤，冬天一样长

这个时候，一些小贩
在江边、路口、街角
摆上各类物品，开始叫卖

她们的声音
是灯光下的雨打梧桐
有点凄清，有点凉意

她们半蹲在那里
在隐隐约约的光线中
如一具具土黄色的陶俑

仅一会儿，天色又亮了点
远处的楼和近处的树
仿佛踩着四季，不动声色地
走了几个轮回

眨眼间，太阳出来了
黎明隐去，天空干净得
像刚下过一场大雨

上海的高架

上海的高架
手臂很累地挽着
每日看着数不清的车辆
蚂蚁般从它们的
左手臂进去，右手臂出来

这些车辆像女人们
放大的小脚，在它的胸脯上
溜冰一样，滑过去
再滑过来

它身子下的腿
一根根，假肢一样
戳在它的身体里，即便中间切断
也不会有流一滴血

表面看，它柔软、弯曲、绵长
河流一样平滑，泛着光泽

但说不定哪一天
它会只剩下一副骨架
标本一样死去

缪克构

缪克构，1974年出生于温州。中国作家协会会员，上海作家协会理事、诗歌专业委员会副主任，上海青年文学艺术界联合会副会长。现为文汇报社副总编辑。曾获第六届上海市十大文化新人（2006）、中国新闻奖一等奖（2008）和二等奖（2010）、全国报纸副刊作品金奖(2010)、第九届《上海文学》奖(2010)、第十二届上海长江韬奋奖（2014）等。著有诗集《独自开放》（2003）、《时光的炼金术》（2015），长篇小说《少年远望》（2003）、《少年海》（2017），散文集《青春变成鱼尾纹》（2007）、《黄鱼的叫喊》（2016），人物传记《一生从容》（2009）、《笔墨人生》（2010）八种。编有五卷本《辛笛集》（2012）、《近距离》（2014）等九种。

出埃及记

金字塔

法老有一座金字塔
二百三十万块粗粝的石块
垒着欲望、权力、生死
垒着灵魂和永世未解的谜
神秘的甬道通往星际的迷航
据传有万千的宇宙波
会在合适的时候聚集在它的能量场

我有一座尖字阁
尘埃里隐藏着人世间的爱恨情仇
一点也不比它少
当我与金字塔站成一排的位置
吉萨高原上的砂砾就在身边聚拢
我的背影也有了一座三角的模样

从远山采来巨石
在星际唤来慈航
十万人民伏地劳作
尼罗河细长细长
在幽暗中闪着星光
当我途经此地
河流中似乎还漂着羊皮筏子

似乎要把下一座金字塔
筑在一个诗人的心中

飓风约了一个对角
从胡夫金字塔五十二度的坡面卷起
巨驼、马队和粗糙的工艺品
在太阳下一粒粒晒着
唯一被遗忘的
是北侧的一扇巨石之窗
四块方石垒成一个三角的入口
如果太阳直射到塔底
法老的肉身将复活
然后驾船、狩猎、欢宴
开罗城中据信已有爆炸的声响
而此处正安静
胡夫、哈夫拉、门卡乌拉
三个金字塔一字排开
有人在最佳的摄影点留影
双手各撮起一个尖尖的顶
中间的一个含在圆睁的口中
虚构了一场气吞山河的豪迈

名利和欲望都有尖尖的顶
爱也有，最高的一块石头，叫恨
只有永生没有边界
最高的石块上，写着绝望
四千七百年了

塔尖才被自然的法则削去十米
塔台上为何只有蜗牛的遗迹
这是宇宙留给我们的天问

是的，中古时代的国王
用磊磊巨石构筑他的王国
在浩瀚的沙漠中
需要藏着一艘真实的航船用以摆渡
我用尘埃，垒一座尖字阁
四面等边的三角坡面
三面写着时光、情爱和故乡
一面留有空白

把面包、书籍、诗歌
有时候也有相思和欲望
翻卷成隆隆的惊雷
最高的一格住着什么
我前年想的是金币
去年改为美人
今年念念不忘春风

尼罗河

尼罗河一直向北流。
自小我被教育着：
河流自西向东

地中海在北方
尼罗河不向北流
难道她要掉头向东？

尼罗河是一位母亲
她婉约时叫白尼罗河
她豪放时
叫青尼罗河
她们互为情人
母亲再伟大
她也需要一位情人
不然她何以度过
漫长的一生？
虽然这位情人
就是她的化身
有时候
情人也是我的父亲
父亲啊
你懂母亲吗？
你懂得为何
在六至十月她将泪水洒向河滩吗？
我从不做猜想
我只把种子
撒在退潮的河床
把牛和羊赶上
使劲踩在肥沃的田土上

啊，我想起来了
年少时我曾看过一本
没有封面的书
后来我知道
那叫《尼罗河上的惨案》
灶火明灭
它差点葬身炉膛
隔三十年后
我到访金字塔的故乡
我趁着夜色
在尼罗河上游荡
阿拉伯的王子
正在游艇上举行盛大的婚礼
新娘神秘的面纱已被解下
她和伴娘们唱啊，跳啊
在这世上最长的河流上
让我恍惚她是巴西的姑娘

盐的家族（组诗）

老盐民

祖父的肋骨，在炉火里熊熊燃烧
发出烈日底下盐粒爆裂的声响
整整一个上午，加上延后的午餐时间
子孙们在守候一个大海的盐水被慢慢烤干
直至骨灰如白花花的盐晶
厚实、凝重、沉甸甸地装进盒子

“你们的老爷子，实在太经烧了”
殡仪馆的炉工抱怨着，接过信封里的小费
然后递来温热的汉白玉骨灰盒
祖父，这个行将百岁的老盐民
终于安静了下来
他身上的太阳和汗珠化在了青烟里
自身的盐化在了尘埃里

如若，把祖父的骨头拆下来熬汤
毫不夸张地说，可以熬出整个东海的盐
祖父身上的鞭痕血痂和愤怒的毛孔
都会决堤……
一想到这些，我的眼里就涌出大把大把的盐
是的，作为一个盐民的后代
我有理由这么咸

盐的家族

父亲也晒盐，十六岁，骨头还没有长硬
他带着四个弟弟，在烈日下暴走
把大海里的水，蒸成薄薄的盐花
五个瘦小的身子骨
在太阳底下晒成又黑又瘦的木材
一点上火就能燃烧，一跳进河里就能把水吸干

到了中年，致命的疾病终于赶了上来
父亲倒下了，三叔倒下了
祖父这个老盐民，却活到了一百岁
他身上有太多的汗、太多的泪，都熬成了不朽的骨
像钢铁一般，不会弯曲和断裂了

这个苦难的家族
前半个世纪，与贫穷和压迫斗争
后半个世纪，与疾病和恐惧搏击
那些惊涛，不会让你找到避风的港湾
那些浪花，也不会给你温柔的抚慰
只有那些交出去的盐
留下一丝甜蜜的回味

海的岸

船是海的第二条岸
海的第三条岸，是盐

岸，度人生存的大地
船，度人的躯体
只有盐，度人的灵魂

出海是船，回头是盐
隔了一百年，祖父想清楚了这个道理
盐，从此被解下了绳索
心，也找到了岸

只是，面朝大海的坟茔
已长满了青青的墓草

变奏

祖父，晒了一生的盐
用来洗涤贫困、隐疾和变数
骨头里有着钙的硬质
日子里有氯和钠的涩和苦

在不屈的灵魂里
隐忍，在潮汐间起伏不安
泪水如大海的波涛般不竭
又如浪尖上的阳光翻涌
而欢笑是如此之少
如柔软的海草拂过

这是一个家族的命运
也是一个靠海的村庄的命运
往大里说，是半个省的命运

当我从太平洋上归来
在高空俯瞰故乡如手掌般伸出的地图
我的血液里弹唱的，仍是大海的变奏
我逃离又归来，逗留又逆袭
身体里的盐，仍在腌制不朽的村庄
和村庄里的家族，家族中的命运

返乡

闪电，亮一亮路
雷声从海上一路寻来
大雨的夜，洗涤一个多盐的村庄

在太阳升起来之前
大地是丰润的
这一泓了无痕迹的水
足够一个家族短暂稀释了咸

从海上到上海，二十年过去了
大雨还在驱赶波涛追逐着我
不管在宽阔的街道还是狭窄的弄堂
我再也不会在阳光下化作盐
我习惯了遗忘，适应了在生命中加入大勺的糖

返乡，让骨头里的盐
一点点咸到我的眼角
是那些梦，牵我回到故乡

回到盐

关于盐，我所知甚少
而关于苦难，我收集甚多
我血液里流淌着这个家族的笑声和泪影
我想，不能只有悲戚，只有苍凉
还需要脉脉的温情，还需要人间的大爱

我还是要回到盐
回到盐，就是回到血液
回到爱和温暖
回到盐，就是回到大海
回到宽广和浩渺
回到盐，就是回到太阳
回到光明和激情
回到盐，就是回到汗水
回到勤劳和收获
回到盐，就是回到健康
回到黑头发和古铜色的皮肤
回到盐，就是树回到根，叶子回到泥土
回到盐，也是回到出发
回到理想的发射塔
回到盐，也是回到宽容和放下
回到家族生生不息的繁衍

李天靖

李天靖，诗人、诗评家，中国作家协会会员，《上海诗人》首席编辑、中国诗歌网上海频道顾问、华东师范大学某杂志编审。诗歌获《人民文学》《中国作家》《文艺报》《写作》《芒种》等诗歌奖。诗集《你成为你诗歌的猎物》获上海作协2015年度诗歌奖。出版诗集《等待之虚》《李天靖短诗选——中英对照》《秘密》《你成为你诗歌的猎物》等，以及《森林中的一棵树——李天靖随笔、访谈、评论集》等。主编（合作）《上海诗人60家》《上海诗人30家》《〈上海诗人〉10年精选》，主编（合作）、编著《一千只膜拜的蝴蝶》《中外现代禅诗精选》《中外现代诗修辞艺术》《渴望的杯子》《有意味的形式》《当代诗选》等10本。 诗歌发表于《诗刊》《星星》《诗选刊》《诗歌月刊》等全国众多刊物，文学评论发表于《诗刊》《文学报》《文汇报》《上海文化》《诗歌月刊》《绿风》《诗潮》《上海诗人》等，以及“诗歌报”“诗生活”“作家网”“中国诗歌网”等。应邀参加“声带上的中国”第四届珠江国际诗歌节、第三届中华世纪坛“诗意中国”中秋国际诗会、第五届青海湖国际诗歌节等。

乌衣巷

浅浅巷子
深深深 深得野草花没了
斜着的夕阳

像踩着自己的影子
突然抽身
随乌衣人而去

朱雀的翅膀血溅一屋子
描红家具
残忍得奢华

晋代衣冠
于封闭、低矮的床笫
有人说——
更隐于寻欢

颓废的气息上
留下指纹 像触摸一次
女史箴图
怪诞、暧昧的鸟身

一切虚妄

风声鹤唳已遥不可及
唯谢安落子
静若惊雷

出了乌衣巷
突然撞见
怀中飞出的那只燕
掠过街景

哭镜中

——悼诗人张枣

一场晨雪纷纷扬起图宾根
你猝然向镜子幽微的深处飞去
遥不可及

南山梅花开了没有
化为渡回她枝头的弱水

抑或把她从松木梯上抱下
一起骑马归来——
疾驰在永远的镜中

白雪痛哭
你南山最后一朵梅花
流泪满脸

一朵睡莲

一朵睡莲初开就擎一灯
寻它的前身——

仰之太高，俯之听星光说：
“你是一粒最稚嫩的星

点燃你的姊妹”，一朵、两朵、三朵……
霎时燃亮了莲的河流

忍不住

——去吉维尼这么多幅莲的深处

去莫奈画盲的眼瞳

点燃淤积的泪水和血
然后成灰

一茎
又把火焰从水底托举
生灭不已

你不愿再回到寂寞
的苍穹

烟 花

走上天桥，走上云端
怒放的烟花一拨比一拨
更高或更低
看你我的内心

繁花之上的繁花
盛开不绝，红而紫而绿而蓝而
垂下万缘的黄金缕

千鸟之翼掠过南方的
南方，孔雀之翎的孔雀
鸣啭的花枝上
迷狂开屏

陌生的内心惊叫
为谁欢欣，陨灭于深渊
为谁歌哭

慢一点，再慢一点
抑或瞬间，粲然逼入内心
回眸你

一刹那转身

化为青烟，空空弦歌

渗入骨髓

狂欢后的悲切

只一瞬的美，痛亦了然

色亦了然

绽放，自各自深邃、

未知的心

徽州天井

一方天含在徽州女人的嘴里
卷起云的舌头

下起雨的金子
雪的银子

憋屈一冬的女人
用玉簪花的嗓子眼一起喊——

马头墙外的山青了
水绿了

井栏的幽兰
注视内心，女人的眼睛——

一箍桶光，新鲜的呼吸
它不知道与萨瑟兰
　的歌声一样美

八大山人

八大山人题识成了——
哭之笑之

个山、雪个、刃庵
刀锋还插在庵
这个滴血的心尖

你画的鸟，只待在树上
或在莲的
香气之上

画的鱼，大多在天空
寂寞地飞行

画的石不再是石头
子野在吹笛，子猷伏地的花
成了倾听的耳朵——

你的耳朵
是一游鱼、一鹌鹑，数茎墨荷……
不是一游鱼、一鹌鹑
几叶芭蕉……

你是眼——
圆睁，翻白，微瞑，癫狂的
　燃着雪火

火 吻

伫立晨雨的花苑
你如遗落后宫的唐妃

一千多年
光芒熄灭了，注满
美人鱼的内心

溟蒙的淀山湖
一刹那，海一样浩渺

点灯人
每夜扇动雪的鸥羽
飞来——

昂头，微仰
以一次次次火吻

水袖

袖水的女人
转身，即炫出涟漪

一涟漪高蹈是倒悬的双瀑
一低眉溅湿了
多少瞳仁

她笼里的十指
左顾右盼，腾挪出多少风情

浮一大白，自持不住
酩酊地倒海翻江
白浪滔天

袖水的女人一袖手
寂然无痕

留下
满耳是雪

遗忘的田野

哪是记忆　它之外的草色
依然青翠蔓长

一茬茬收割的田垄
飞过沉没的鸦雀
抽穗　扬花　分蘖　结实

一个时代的意义次第
打开的骨朵
印证不是瞩望的天空
只凭风的绝响

或苍老 或入土 或隐去
这片土地 收容了
音容笑貌
灵魂的手捧着
谷物的金黄

饥饿的肉体也曾相拥
断了肚兜的系绳

我说 对不起
你用手相连
我用发现的一枚针
缝补记忆

祭红

辗转反侧
似见黑暗的树丫上
鸟翅扑扇

霍地纵身于火
血气精魂
一女化作千般绝色
实为一色

青花之后
火的锦袍想叫她再
穿件新衣
此刻那好身段
立于柜
玉脖潮红

荫翳极薄
锋利地切削瓷的光

像熊熊窑火之上
灼痛的战栗

当黎明轻唤一声
“祭红”
都静寂了

听二胡曲

——《葡萄熟了》

当老秋在弦上挂满了
紫玉、翡翠
或玛瑙

那把弓
关于坠落 最美的姿势
莫过于动人
的慢板

一颗葡萄 一滴泪
孕育它
月色
灼热阳光
对大地乳汁
的感恩

成熟甚至对葡萄
的自述
如此虔诚

无法品尝的季节
弦上葡萄们
颗颗滚落

浓缩为
心灵的甘露

也醉了

墓园游戏

寂静的墓园
蹦极是灵魂日常的游戏
向上，向上

抻长着身子
抻长着手臂，抻长着指尖

一次次触网
穿过高压区
穿过虚空的自己，天空飞升

一次次坠落，疯狂的尖叫
蓝色的静脉看见了复活

不再“吱”的一声
挂断在高压线，血气被瞬间蒸发
佝偻成炭黑的尸身

你成为你诗歌的猎物

必须忍受
丛林中被自己射杀
倒在血泊里

掉入自设的陷阱
或被网罟捕获，成为濒危
的困兽，义无反顾

成为羚羊
被自己的狮子紧追不舍
或逃逸得更快

或被利爪
撕碎吞噬，玩弄于股掌
生不如死

一个诗人
成为自己诗的猎物、精神的
图腾或神祇

是幸运的

寂寞的石头

在好几页签到上
找到自己
便兀自坐成
一块寂寞的石头

老禅入定
看水色的天空晃动
恍若梦中

看一拨拨鱼儿
穿梭舞蹈
也想长出鳍来取暖

隔着透明的水
毕竟与鱼们同处一域

石头想把自己举起
却无力砸碎
水的玻璃
也无法高出水面呼吸

张定浩

张定浩，1976年生于安徽，现居上海，就职于作家协会《上海文化》杂志。著有随笔集《既见君子：过去时代的诗与人》，文论集《爱欲与哀矜》《职业的和业余的小说家》，诗集《我喜爱一切不彻底的事物》等。

瀑布

最初的河床陡然倾塌，
迎接流水的，是风。

抱着回返天空的心情，那些死去的雪
将经受第二次坠落。

随后，还会有无数次
大大小小的坠落。

而在被海鸟唤醒的刹那，
它单单只记得这第二次。

最真切，但不可悔改。

2004.4

纸箱子

你一定还记得那些捆扎结实的纸箱子。
汛期来临的时候，它们漂浮于每一条楼道，
像男孩子们手里的船模，轻盈而坚固。
这曾让人觉得安心，
因为我只有两只手，你也一样，
不能带走一切。

可我能不能告诉你，我正听见
它们不断下沉的声音？
而原以为它们会顺流直下的，
以为它们会先我们一步，
抵达桃源的深处，早早准备好无数
令人唏嘘的礼物。

我能不能告诉你它们正在沉没，
正穿过幽暗的水藻，
穿过迁徙的鱼群和漩涡，
以及一层层绵软如糖的流沙？

我能不能告诉你，
它们正静静地躺在我身边，
而一切都不曾被毁灭，
它们只是从水面消失？

2004.8

在萨拉乌苏

1

此刻我们坐在斜坡上观看
低处泉眼中泥沙的变幻。

那儿是喷薄不息的宁静，
地下迷宫里热烈探索的心灵。

有人赤足测量星云的温度，
留下几声尖叫，牛羊就抬起头颅。

而河流依旧温暖，依旧深藏
动人的漩涡，映照出天空

蓝青色笑容。但柳树一再地
戕伐自身，好从伤口萌生温柔与细密，

好吸纳一切穿越它们躯体的尘灰，
且让自己还能免于大风的摧毁。

你知道的，欠缺是一个名词，就像亿万年前
湖泊慢慢干涸，再长出铺满青草的群山。

2

他们白天漫游，再如暮色从四面
聚合，用一些古老问题打发夜晚。

比如这一次，他们竟然谈到了
动力的来源。究竟是什么

让一个人可以生活下去，
有勇气醒来，起身，走长的路。

很多人诉诸于好奇，讲述种种
朝向未知世界的热情。

但他对此知之甚少。他不是因为
日光底下的新事，才生出感谢和赞美。

他欲求的只是挽留。那些像干树枝一样
不断在身后折落之物，它们闪着微光，

是衰变期的星辰，正因他的执拗，
才没有毁灭，才随他充满动荡不息的宇宙。

3

那个老人带领我们攀上清晨的沙丘，
它悬在峡谷顶端就像烈日轻轻奔走。

很多年前他尽力插下的细小柳枝，
很多都已经死去，不能向他致意。

但他熟悉这里每一处尚且活着的事物，
以及每一片流沙深处跃跃欲出的颧骨。

静静地，我们潜行于白垩纪的风声里，
而黑蚂蚁悄悄书写，今天的日记。

它也许见过那些端坐在尘灰中的人，
见过那些像猫一样，吞食污浊以洁净自身的人，

见过因为寻求幸福而被损坏的人，
也见过怀揣秘密、因而幸福的人。

瞧，那个老人随手掘出一块骨头，
说，十万年前有过一只奔跑的犀牛。

4

在艾草和沙芥编织的宇宙网眼中，
在向着无限空间蔓延的沙粒之上，

他们尚有时间朗读那位法国神父的作品，
关于整个世界如何最终呈现为天使的面容。

“我们耳熟能详的古希腊人或古罗马人而今安在？
最早的纺车、最早的马车和最早的炉灶安在？”

去年的白雪安在？
那将炬火交付之后隐没在黑暗中的跑步者安在？

难道，不正是借助这些不断失去之物，
“宇宙中有些东西在摆脱熵”，犹如

呼啸向上的火箭在摆脱地心的牵引，
那狭小的顶部舱室中，收藏有人类最后的心灵。

他被这个决断深深打动，
就像他曾被另一位发明幸福者所打动。

5

或许是我们的生命黑暗，
所以能突如其来地见到银河。

沿着它，可以找到十字形的天鹅，
它正又一次掠过沉默明亮的织女，

让我想起无边的细雨，
以及细雨之上汹涌燃烧的冰雪。

一个人该怎样才能够不再胆怯，
该怎样理解有关幸福的发生，

我们亲手点燃不可命名的篝火，
并肩看它升腾，又碎裂成

黑色的光。
一个人该怎样在盛宴前

放慢脚步，在结束时保持清醒。
怀抱无限的怜悯，虚构出地狱的完整。

2014.2.6—2014.4.12

山中

1

毕达哥拉斯的弟子们难以隐瞒
有关无理数存在的秘密，
那些小数点后不可穷尽的大军，
他们将踏碎夜与昼的秩序。

而我们是如何身陷陌生的山中，
沉默是如何附着于萤火虫的羽翼，
坐在临水的阶前，分不清什么是
正在升起，又是什么正在降临。

但那些掠过虚空的夜叉乐观地相信，
新的秘密会在新的递归中形成，
正如愈是拥有就愈被拥有，
愈被拥有就愈加渴望。

此刻，整座山刚刚被群星开启，
无数人潜行其中，仿佛在找寻我们。

2

车辙绝迹的地方，泉水涌现，
最好的一截山路，需要步行。

石头路不滑，也不硌脚，
许久前是香道，现在也很香。

比如桃树上的蜜胶，
以及蜂在白海棠的蕊中，
在观看它们的间隙我们交谈，
又在交谈的间隙中观看。

不远处，天使开始鼓动
新生的翅羽，我们一边感受，
一边用言辞将它们轻轻驱散。

3

这是你最喜欢的初夏，
我们喝下午茶，
在枇杷树下，
小女孩梦见她的城堡。

我梦见大水升起，
划桨看见很多年前的你，
坐夜车在这城市闲荡
不想停下来，像今天

我们说话不能停下来。
山中的白刺玫已经
编织好窄门，

等我们并肩穿过。

它们始终在那里，
像人世里深深的河。

4

你惊叹云朵的变幻，
我惊叹，你的美丽。

坐在窗台上吃西瓜，
抬头就看见雪山。

忽然就浩荡大风，
长街上没有行人。

我拥着你
穿越红海。

孔明灯在树梢，
孔明灯在夜空。

5

草原时常会忽然下起雨来，
而远处山坡明亮，
白雪照旧压住黑色的山。

白桦叶子如古钱币洒满山谷，
早晨湖面上有深深的雾，
一些树慢慢长成石头。

这些时刻都使我想起你，
这些不朽的时刻
都被你的不在所洞穿，

使我恍惚，
又教我平静。

6

你蜷缩在黑暗中，而我
斜靠另一处黑暗。
那些过去未来的你和我
能否理解此刻

正从你眼中缓缓涌出的
泪水，正刺破我沉默的外衣，
我曾以为是
无所不能的沉默。

我必须开口，
听虚空中自己的声音，
用言语衔取碎石将你填满。

我们都深深懂得，
那被火海包围的人
不过是想点起生命的火炬。

7

钓鱼人把钩线甩向冬天的海，
然后就如海一样沉静。
我们在他们身后寒雾里拥吻，
并目睹一团浸在烛泪中的纸片
如何燃烧成不熄的烛身。

在整个城市的经诵声中，
我俯身向你，
那可能的和不可能的，
一次次将我们充盈。

8

我们终于坐在午后明亮的山脊，
看收藏冰雪与风的松涛，
以及迎面走来的太阳。

这太阳穿过我们，
把我们的影子刻于白雪，
等到春天就融于泥土。

到时候我们就下山，

去危险的湖面行走，

再找一个温暖的地方唱歌。

2015.6.12

落日

我们沿湖而坐，
看流水和斜光里的幻觉。
那不是纳西瑟斯走向自身的平静，
那是对于晃动不安的
星辰的认识。宇宙中晃动不安的
海盗船，我们身处两端，
每次眩晕都以为
是在相互靠近。
山寺里，那些没有信仰的人
正拜向四面的佛，
而我们正看着落日落进楼群，
就像我落入你的心里。

2015.3

秋天

在陌生的园子里，采摘红果，
陌生人不知道我们的收获。

“我要那一串！”你指着
最高的枝头，那从蓝色苍穹俯身的

尚未屈服于重力的，天使，
我们仰首观看它轻轻颤动的样子。

这是秋天，许多树叶和果实被点燃，
这光焰灼灼，不亚于春天的花朵。

在幽暗的雾中寻找一个住处，
等待温暖的泉水把我们带回山谷。

2016.11

樱桃

坐在火车站前的大树下
我们吃樱桃。一颗一颗
分享这宝石般初夏果实，
咬开圆润禁闭肌肤，
吞食汁液与肉身，再吐出
坚硬而难以消化的心，
它们洇红了我们的手掌。
它们不可能再发芽，再长出
另外的春天，那些已发生的
不可能再重复。
你遂练习将这些死去的种子
掷入对面的垃圾箱，
如旧时欢宴上的投壶。
让我察觉，爱是太强悍的神，
它重新定义着，时间和空间。
还有半小时火车就要来了，
我们吃樱桃。

2016.6.9

京沪道中

窗外盲诗人般飘过的树
也曾有耳目的情欲。
大地颜色动荡，天空
阴晴有时。
有时，向北的列车猛然停顿，
被不知所措地拖回上一个站点，
我会走到陌生的月台，
点燃一支烟。
这样的延宕与变化只让我更沉静，
像雨加深了玉兰花的香气。
我是惯于等待的人，
是在不可靠的希望中乐意驻足的人，
我是向上的脆弱的火，
被涓涓流水拉住，
如何凝聚成岩石和花朵。

2016.4

巨大的月亮

隔着舷窗我看见巨大的月亮，
巨大的，如你所赋予的爱
正锻造某种圆形的人类，我们
终于再次相遇。
如雪弥合天与地的距离，
如雪填满沟壑，又抹去
堤岸与流水的争执。
透过巨大的月亮我看见
尘世，是冰川下深藏的湖泊，
那些辽阔的积雪的山，刻在湖水中，
是一些被冻住的好看的阴影，
有天使轻轻滑行其上，
也带动鱼群的旋转。

与此同时，在下方，
微弱的雪弄脏了一个又一个城市，
如同那些不合时宜的灰发教士，
历经艰辛而来，正被拘押在路边，
等待在炙烤中上升，或在沉默中
渗入泥土。
偶尔，踏过这些清脆的生命，
回家的人也会抬头看看月亮。

2017.1

有信

我把自己关在书房写字。
你在客厅，纸片上画画，
努力从门缝塞进来。
有信，你说。
我就轻轻抓住一点点探进身子的
小纸片，抓住小小的你
给我的信。

以后长大了你还会给我写信吗？
隔着几千里山川，抑或隔着
一片海，一群人，一层土，
都好像
只隔着　一扇门。
我在门这边，听见你大声地说
有信。

2015.12.27

创造

你每天忙于创造新的世界，
随手择取万物，将它们一一安顿，
并邀请我，俯身造化的奇妙。
但我们的小心赞叹，并不能阻止
世界毁坏，总有人以清洁的名义
拆卸城堡与村庄，也推平山河。
我看着你从最初的狂暴不安，到
慢慢接受，像新生的泪水接受风。
我总是困惑于如何看待人的转变，
也包括你的。
当你转身，尝试把又一个璀璨世界
移入纸张，这些脆弱单薄者
彼此注入了新的生命。

2016. 11—2017. 1

2016
年度作品奖励诗人

王崇党

肖　水

冬　青

安　谅

王崇党

王崇党，笔名南鲁，男，20世纪70年代生于山东成武，毕业于解放军艺术学院，现居上海，中国作家协会会员、上海作家协会会员。出版诗集《南鲁诗选》《南鲁的集镇》《念珠》《出神》四部。作品散见于《文学报》《诗刊》《中国文化报》《星星》《解放军报》《解放日报》《世界论坛报》《菲律宾商报》等国（境）内外几十家报章杂志。参加第十四届全国散文诗笔会。曾获2016年上海作协会员年度作品奖、2014年人祖山杯国际散文诗大赛一等奖、2013年铜铃山全国诗歌大赛二等奖等。

天空已经认不出我，我还怎么飞

在腰泾村的千亩稻田里
我看见白鹭，驾驭着波涛在飞

现在，我有点后悔
这些年，我让自己活得太过于用力
涂了太多的重彩

我像一滴油污浮在水面上，成了一个多余出来的人
我使劲擦洗自己，可是你看
我已经皮肤松弛，皱皱巴巴，也不能搓出那纯白

没有了那白，天空已经认不出我
我还怎么飞

香气

去池塘边喂鸭子时，顺便在树枝上的篮子里放了几把苞谷
鸟儿饿了会自己来的。这时
低飘的白云突然降下来，变成了一群白鹭

小满田庄的桂花树下，一夜之间就落满了黄雪
我小心看了，除了鸟儿在上面写下一串“不”字
没有其他的痕迹

我收集了些桂花，回去秘制拿手的蜂蜜桂花茶
盘算着丢失了户籍的人应该在路上了，他内心的香气用完
回来正好续上

父亲突然害起羞来

父亲拄着拐杖在田间地头转
我在后面跟着
泛起的尘土一寸寸地吃掉我裤脚的光鲜
双腿渐渐有了根的形状

父亲说也干不动活了，只是要来看看
这庄稼看一眼少一眼
父亲突然害羞似的脸红起来
怯怯地说，没事就常回吧
你娘常念叨你呢

这时，一大片杨树叶正脱离枝头
在空中打着旋下落着
我伸手接了，顺便看清了它
背面的纹路与金黄

唱片

我到达那里时，它只是一座光秃秃的
小山，像一个谢了顶的老人

我取来锯子，想从老树桩里取出年轮的唱片
锯到一半的时候，我哭了——

会不会有后来人，也提着锯子
想从我们的白骨中
寻找到尘世曾经的繁华

井

一口井，坐在那里
一直的坚持
让路过的高僧照见了自己
它内心的天空　沉静
井壁的根须绕过周围的人
周围的人早已成为宿命
其实，别人并不知道
一口井的想法
它只是努力把自己做成一顶帽子
想着，总有一天
天空会将它戴在头上

时间的咖啡

我知道，时间要喝我这杯咖啡
已经很久了
他不断地调制黑夜和白天
他已经放入很多了
但总感到不够
还要尽量再放进一些

我知道，他是要最后把我
放进去的
几次，他在犹豫
拿起又放下
我看着他做着这些工作
有逃掉或主动跳进去的念头
我一直在耐心地等待，只是想知道
他最后把我放进去
是要调得苦一点，还是更甜

西佘山上

山头上的两只犄角
朝向不同的方向
各有锋利，又互相抵不到对方

人们，已经习惯了从天文台望远镜里
发现自己的渺小。又从相邻的天主教堂里
获得主的平和与爱的力量

西佘山远看如一只丰硕的乳房
两个乳头，都耸立成
哺育的姿势

池塘边静坐

水边石头上静坐
身后的橘树倒映在水里
我的头像和红红的橘子一起长在了枝头
我充当了一会儿橘树的果子
过了一会儿，夕阳偏了过来
它又充当了一会儿我头上的光环

这一切都偏过去以后，有小鱼游过来
我继续静静地坐着，但放任水里的自己
和鱼一起追逐嬉戏

在灵隐寺

在这里佛像很多，似乎
灵都隐在了看不到的地方

偶然地抬头，我发现
一片洁白的羽毛正打着旋落下
而更高的天空并没有鸟儿的身影
仿佛它们是从光明里落下来的

我捡起这片小小的羽毛
顺手把它别在我臂膀的衣缝里

我终会分散得让你找不见

暖风啄开了我的硬壳
我水雾一样在田野上散开来

上一刻，我逗留在一声清脆的鸟鸣上
再往前，我在河面上打了一个旋，顺势流了下去
这一刻，我倚靠在一片玉兰花瓣上，诵读诗文

除进入一座佘山内部时，略略用了些力气
我几乎能进入大地上的任一物体
我轻易就掌握了分身术，我热爱什么，什么就会成为镜子
终有一天，我会分散得让你找不见

我与自然同在
想见我时，你可以在任一地方召唤我
不管你是谁，对抗自然，就是与我为敌

孤独

在人群中
我常常保持沉默
回到家里
我爱对着一堵墙的裂缝说话
我相信它能听懂我的意思
一天　我发现墙缝水汪汪的
周围长满了青苔
我要说的话
顿时哽在泪水里

果子

最初
我在一个小小的受精卵中
一切自足。接下来
我只是扩张自己
你看，我们大家都一个个地争相长大
散发出香味。像极了
结在同一棵大树上的果子

虫子
是从内心开始生长的
所有的失意和苦痛
都缘于我要把自个儿从这棵树上
摘下来

从白到黑

当我睁开双眼
第一次看到世界之后
我就让世界记住我响亮的哭声

我渐渐发觉，在以后的生命里
我的每一句评论，都会让白天多一个黑点
说着说着天就黑下来了

敌人

庄稼说
小草是敌人
总想淹没我

小草说
羊是敌人
一天到晚在吃我

羊说
狼是敌人
想方设法来骗我

狼说　人！
人才是真正的敌人
把火药和仇恨都泄给我

人瞅瞅四周——
到处是敌人

咳

我在乡下长大
喉咙出奇地敏感
一到城市里　就咳
不停地咳
咳得头晕
整个城市也一摇一晃的
我吃药片　喝糖浆　打针　按穴位
甚至看心理医生
仍是咳个不停

回到乡下
喉咙开始发痒
我又咳起来
直到咳出一大堆汽车尾气、沙尘
和各种花花绿绿的噪声
才慢慢恢复平静
这时　夕阳正好卡在山坳里
我坐在清澈的池塘边喊了几嗓子
远山传来碧绿的回声
我身旁的草棵
哗啦啦落下许多小种子

真理

找一颗足够长的钉子
我就一下一下地钉起了地球

哐当，哐当，哐当
实践出真知，这谁都知道
钉着钉着，真理就出来了——
冰冷、松软、湿润、坚硬、炽热……

最后，终于到了
没有阻碍，甚至是虚无的时候——
一切都钉穿了

生命的窄门

瓶子，以绝对的忠诚，一直伴我同行
有时它让我空着，有时又让我充满
有时它让我光鲜透明，有时又让我深沉灰暗

瓶子上的说明书，你不看也罢
那不过是异形的封条
如果你在一个侧面看到了自己的面容
那是你已被诅咒

如果在一个偶然的时候，你听到它一声脆响
那是在一个窄门前，它终于狠心丢下自己
让我独自前行

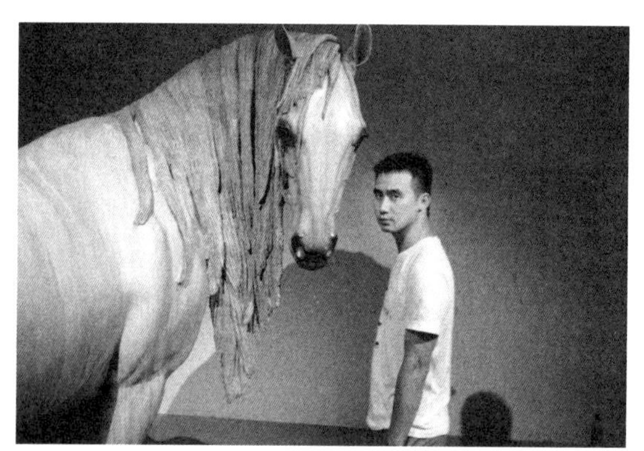

肖　水

肖水，1980年生于湖南郴州，先后就读于复旦大学法学院、中文系。曾任复旦诗社第二十七任社长，创办复旦诗歌节、复旦诗歌图书馆。出版有诗集《失物认领》（2012）、《中文课》（台湾，2012）、《艾草：新绝句诗集》（2014）、《渤海故事集：小说诗诗集》（2016）、《渤海故事集》（中英文双语版，Noelle Noell译，香港，2017）。合译布劳提根诗集《避孕药与春山矿难》、小说《在美国钓鳟鱼》（广西师范大学出版社，2017），主编《复旦诗选》（2013、2015、2016）。曾获未名诗歌奖、《上海文学》诗歌新人奖、诗探索奖·新锐奖、三月三诗会奖、第二届华语青年作家奖提名奖等。

未来文选

在古星

什么人葬于岛上。鸟衔来野火，在巨风之眼中翔集，
却并不擒住幽灵肉质之足，缓缓降落。什么人葬于

岛上，太阳的颜色几乎褪尽，悬崖之尾现出墓碑，
松枝在水面，画出波涛的弧线。海峡是重重帷幕低垂。

2016.7.12

十二纪

弹簧门，过滤越境之鱼。喷泉锐利的边沿，被少女身上
的波浪所扰动。电动扶梯搭载弯曲的步道，慢慢下沉。

灯火通明的大厦，此刻用玫瑰针便可刺破。飞碟吸附于
枝条，我们中间表演飞刀的人，拔掉了连通树干的油枪。

2016.7.16

印象：日出

神的梯子。没有梯子。吹雪机发出金属的光，列车只是
野性环绕的酒瓶。你坐在长条木椅上，山丘悬浮在空中。

粉红色丝绸，人类的头发散发着电流的气味。餐桌上动物
五官清晰，只有排斥幻想的愿望，影响过它们的洞察力。

2016.7.17

汉乐园

铁塔之影或塔影之铁：湖水流经管道，从未改变过它的
波纹。反复出现涡流的浓雾中，方可听到月亮坠落在

另一座环形山里。鹦鹉挪动死者的巢穴，尘埃像渗漏的
夜空。去往一九九一年的母舰，伸出雨伞状的木柄天线。

2016.7.17

凛视区

海豚滑进一块巨石。砂砾中的波浪滑腻，又如同无数
银币，瞬间从乐峰之巅被倾倒而下。彩虹吸收了那些

最细的回声，潜艇拐过农舍，从柳树那边开始爬坡。
在盐矿的尽头，工人裤袋上的铜铆钉，正微微发光。

2016. 7. 19

昆虫交易

意念连通蜂箱。困于密室的天空，往外释放出纯形式的
藤爪。直升机扬起，竹片上汽车打滑的声音，尚无法转译

我梦见那些掉过牙的人，都在雷光中，将头探出舷窗
只有熊静坐在红色小木船上，等着自己的倒影，从无到淡

2016. 8. 9

失弓

夜的黑，毛茸茸的。鸟在天空炸裂，羊从树上奔回
卫星之囊。眼目之欲，吸收更多往云层深处的定居者。

伟大的周王。楼梯下阴冷的房间里，滑轮等待着
瓷质印玺发出讯号：卫兵搜捕所有在小诗中沸腾的人。

2016.8.15

雄伏

我食光年，光年囚禁我的一生。我一生与巫术、魔法
对称。我松垂叙事的冲动，恒常之春回复连绵交叠、满是

杂质的吻。我吻你，而马不动。我的残暴消减我伸入
你内部的闪电。我造山，我涌动之臀，居高而又无比自傲

2016.8.22

深渊号

将老，饮西瓜。日影摇曳黑象之牙。黄金地面吞吸了
那些失去动力的人。谜团如同石榴，保留了独立的革腔。

仍需上发条，需去江边接受潮汐之火。太阳穴露出接口，
存储已经妥当，在打斗之前，还需借餐盘反光轻轻梳头。

2016.8.23

献给楚武王

这是整整一代人的返航：尘埃之星侵入光轨，黑塔如同滚石
倒入银河之流。我还记得幼时昏沉地斜在孤舱里，风暴之山

瞬间推移到窗外，带刺的灌木，即将覆盖作为我墓地的小丘。
远处，有人抖开能量之帆，离地前用铁臂紧紧抓了一把土壤。

2016.8.27

离魂异客

那年他七岁，父亲倒在家里，他拿起电话，并不惊慌。
画家母亲后来改嫁一位退役将军，而他依旧选择通过自残逃避兵役。
他从韩国大田来。他在出租车上突然吻我，又淡然地像石头从石头上蒸发。
终于要告别中国，在机场的酒店里，他决定再体会一次陌生人的快乐。

2015.11.26

芳香中学

最后一次见他，是他从黄岛渡海来，请我吃中山路上的
一家地下烧烤店。然后我们去旁边的教堂走了走。远处的海很蓝，
那些散透着白光的海轮，像被卡住了一般，永远不动。
直到今天，我在公园席地而坐，还以为湖面的落叶即将拉响汽笛。

2015.11.27

烟枝

他比我先下飞机。冬日凛冽的天气里，所有能看见的

几乎都是新的。出租车终于在二马路滨海广场前面停了下来，

将要路演的老年剧团，正从皮卡上，往外搬运琵琶和二胡。

酒店房间恰可俯视他们，他们小小的，脸上的油彩不带任何折痕。

2015. 11. 28

游目四荒

他们北京认识，却要约在沧州见面。

周五下班，他开了一路夜车，过固安，转霸州。

中途，他忽然觉得这个故事全篇该有二十五章。于是他在大城住下，

准备等雪下得更彻底的时候，再告诉对方车坏了，希望她来接他。

2015. 11. 29

雾室

在东直门吃完香辣火锅，一群人里，只有她忽然
说要送他去搭机场快轨。其实，他们已好几年故意回避对方的
任何消息。悠长的地道尽头，列车像一小条白灼过的西蓝花，她说：
我要去香港了，爸妈给我买房的钱暂时用不上，需要的话你先拿去。

2015.11.29

边界天光

她第三次从金州戒毒所出来，家人没有再出现。
她走了很久，才走到主干道上。后来，她和顺她回城的货车司机
结婚生子。当然，故事并没有那么简单，人们被继续要求不能
随意横穿马路，也继续被要求：在年轻时候，不要爱上一个英俊的坏人。

2015.11.29

独乐寺

父亲生意失败，随即失踪，他和母亲变卖了唯一一处住房。
在债主的监视下，他只带走墙上的全家福，而他母亲小旅馆住了半个月
就潜回了陕西娘家。他们很少通话，也已有四年没有再见面。
今年春节，他决定还待在天津，就附近走走，顺便过完他的二十一岁生日。

2015.11.30

卜呼吸

他们背着好友，谈了场恋爱，然后平和地分手。
本以为会一直待在北京，但意外去上海一年，再匆匆返回时，
他发现雍和宫人多了很多，海棠枝吐露的嫩芽，仿若人形，
还有香盘里的灰烬，余核，又散开，恰好对应了身外的这个宇宙。

2015.12.2

末日物候

那时候我们一家住在库区，父亲是附近林场的伐木工，
母亲经营着小杂货店，她经常要去县城进货，有时候回来晚了，
渡船开到湖心，会停掉马达，静静漂着。岸边漫山遍野都是白鹭，
被淹没的民居偶尔从水底露出来，上面挂满了湿滑的水草。

2015.12.3

在冬天

他在大街上，掏出打火机，犹豫了一会儿，
终于把它点燃。接着，他拿出手机，对准火焰的中心。
被放大的光，晃荡一下，几乎舔着了他的左手。
他想了想自己是怎么走到武东路的，车流里似乎真的有水声。

2015.12.4

松枝

我想起了故乡的松树，它在灶台里
发出的噼啪声，像里面藏了很多动物
的求偶声。不仅在夏天，当冬天临近
竹鼠藏进了地洞里，严肃地做起了
经师，我仍然能在那熊熊的火焰里，
听到松鸡跨过树枝时，在泥上留下的
清晰投影。关于露水的清凉，我还能
写下更多深奥的意义，甚至蛇闪耀的
信子里，我也分析出了嫉妒的短语，
但是那些松树让我再次感到天空回复
到阴沉，在无尽的塌陷中，我外祖父
在雾气中慢慢退去。在与一些和松枝
类似的花序中，他走上寒冷的山坡，
人类学会以稻谷和玉米为食，但极少
在其中混入浓烈的芳香。而干枯的
针叶在铁锅底部，传递着一道红云，
应和着内部密密地拍打着的水的波纹。
外祖母将鞋针插回头发，灶灰中加入
红薯，在霜中起皱的皮，此刻被雪
埋得更深。黄泥屋的对面是高耸的
山岭，像伞一样，黄昏蒙蔽那些轻视
的人们。死去，其实是被澄清，而
活着更像难以补足的重复。夜晚必须
是抽象的，否则多少人无法穿越其中，
从而赶到生命的洞口。在不确凿的

光下，那里被松枝虚掩。三十年前，他们在睡梦中，被饥饿拨弄，松垂的衣裤像一层银白色的泡沫。没有理由推迟他们透过门缝，去察看属于天地沉思和保留的那部分。月光照耀或者被其他事物碰歪，而松枝被高高地举起在半空，它们在村庄阒静的街路上每一次游移，狗便会凄厉地朝命运的同一个方向叫起来。

2012.6.11

拟物歌：星际航道

一

那些波浪，在缓慢自我勾勒蛙爪般的
尖顶。幽闭的弧线，封锁浓雾中划动的飞机。

在更严寒的天气，绷紧天空之前，它们
还要缓冲夕阳高速降落时的气流，

将石灰、木胶，以及所有洄游鱼类的脂肪
倾倒进狭长的从木星通往人间的管道去。

河流的走向，被电池所带动，星光折损
芦苇的声音，像极了火柴贴着结冰的湖面滑行

渔竿被甩上屋顶，货车在横过铁轨时停止
前行——松鼠们一起用力，拧开云朵的开关

逶迤的马群，也在陡峭的楼梯上，迅速
抖落华丽的披肩：梦才是宇宙唯一的喷泉。

雨滴，结束与雨滴格斗。唯有失败
使树木在澄澈的孤独中，倒映自身的边界

二

他爬上树梢，细心修改白云的布局，
埋藏在地底冬竹的虬枝，伸进月光的缝隙

陨石中的糖分，多过两只金属橙子，
山鸡剔牙的窸窣声，融于一丛带藤蔓的磷火

滑翔是山的倒影在飞，是迅速老去的镰刀
在荒草间，双面卷起它猩红色的刃。

女人在枝头，松果般裂开。夜霜，往新鲜
的稻茬上扑撒婴儿粉——香味滑而寂静。

蝌蚪随鲸鱼，绕过火箭的尾焰。铜钱草渗出
鱼缸，如同有人在计数闪电舌尖上的豹纹

事物的可见，皆隔着一层质地疏松的玻璃，
监狱，即意味着心灵再也无法探测到泥土

2012.11.11

复旦游泳馆夜观天象

如果有鸟落下，触碰到的树木
或许也会淅沥地滑下，天空裂开，
月光充满辛辣的味道。更多的，
是一些零碎而生动的异域星球，
以熄灭自我的方式，从远处起身。
波浪始终锋利无比，山丘、峰峦
与飞碟，被划出无数齐整的切面。
桥梁在涌动，风是被草叶点燃过
的锯末，人类的变形全无章法，
犹如一种密闭的和声。到达门口
的车灯爬满水汽，仿佛事物的
结局在悬垂，也都已被重新建造。
我不曾看见一个人潜往孤立的
池底，水泥高台急促密集的根须
像被迫直立的火苗。十月，犹可
赤足，锐利而直接，投进藤蔓
与藤蔓的粘连，而清冷的天气
无疑是生活的倒退，使秘密变得
愈为寡淡，检测内心力量的速度
需要穿过嘴巴与不断坍塌的鼻梁。
而水面即将封闭，发白的发辫如
醉酒后在沙滩上紧蹙衣裙的鸥群。
熟悉旗语的，已带着鳃慢慢下沉
试图跃起的，绿色的四肢如同

伸展开的十字街道。一切都会
还原，转动就会听到锁孔的足音，
于雪中闪耀，定能察觉到灵魂在
野兔的怀中忐忑地撤离。此刻，
无人伏在池壁上，听气泡在石头
内部响应。我们的身后，楼群
如同一片熟杏，灯火劳顿之处，
显露出蜷缩着，被撬开的海滨。

2011.9.26

冬 青

冬青，大连市人。现居上海。中国作家协会会员。

上世纪80年代末发表诗歌作品。已出版个人诗集《红尘蝉吟》《矮小的幸福》《冬青诗选》和《大海究竟有多老》。诗作收入多种年选和选集。2016年5月，在上海举办了《女诗人冬青的诗与摄影人光影里的上海映像》展览。2015年和2017年，诗集《冬青诗选》和《大海究竟有多老》分获上海作协年度作品奖。2016年诗作《别父》获中国诗歌网“暖家”征文特等奖。2017年获第十一届上海文学奖。作品多发于《上海文学》《诗刊》《扬子江诗刊》《绿风》《青年文学》《文学报》等。

从海边走来（组诗）

风暴

盐渍整夜地洗着甲板
也洗着海
某种事物逼近
大海开始坐立不安

巨轮像一片落叶
夹在天水之间
涌浪摇晃着船舱
吱嘎作响
一切都预示着飓风将临

波涛并没有高出水面
深流也暂时没什么动静
而航海人知道
它们正积蓄更大的能量
准备把大海连根拔起

我们先是置身其外
顷刻便变得激越昂扬
黑色的桅杆发出啸叫
大风已经扯碎了沿途的风光

我们就要与大海一起
迎向暗藏杀机的风暴了

岸上的灯火和遥远的星辰
正在酝酿一场伟大的献祭

深处

他创建了一个小语种
不说俗气的话
用四季的长腔 一咏三叹
试图成为她的远方

一张陷入烛光的脸 果冻般纯净
足够款待爱情
露出好看的牙齿 星光粼粼
吃下惊喜和绝望

许多年以后 音信又远又轻
直到了无
剩下微毒 宠坏的偏执
仍在 抽刀断水

他断时间 一刀两断
一截送还前世 一截赠予来生
她烹雪 煮茶也煮虚设的美景
把桃花 煮成石头

穿过从前的书写
弄醒青春 这个身体的寄生物
不去什么地老天荒
一生太短 配不上爱的绵长

留下来 守住刀削斧砍的日子
爱上深处的隔夜话
甘愿被柴米油盐陷害
一起虚度光阴

用一只手抚摸另一个人的额头
还原一截柔肠
这匆忙的人世 来不及爱恨交加
只够安慰睡眠

我沿着海岸随便走走

山林捧着波浪的经卷
念出声来
野花有鱼的灵性 滑向大海
上升的部分
烟岚搂抱 微微晃动
蓝和绿窃窃私语
声音被风折射
它们合起来的动静
抵不过一声鸟鸣

躲在林子里的鸟儿
什么样子的都有
各种飞翔从低到高 从远到近
让山峦感觉有了翅膀
低调的喜鹊 穿经典的黑衣
公鸭嗓子是个偶然事件
这不影响它们
对牵牛花 蒲公英和人间地气
妄想有加

俯下身子倾听
苔藓地衣里藏着大海的心跳
海的外边是海
浪花和海岸互为信仰 已经多年

水下有不动声色的流淌
漫滤出点点碎银
令人感慨
多么快呀 一晃从春到秋
从少年到中年
海上风景一成不变

我沿着海岸随便走走
时间是下午四点一刻
见识过许多的海水
没有摆老资格 对我评头品足
它们早已包容了一切
不管是才子还是帝王
都可以在此忧戚
像我一样 问人世苍茫
知情者隐在海底 不肯露面

与女儿书

百年后 请你把我种回土里
随便我长成什么模样
你不要介意
看见草长莺飞
便是我犀玉满头
丹枫白露年年都是 你应该宽慰

从我身体走出的你
让我保持微笑
心肠无法变硬
那些都跟母爱和伟大有关
一直想给你崭新的事物
现在只剩皱巴巴的天空
和一颗用旧的心

除我之外
是否另有怀抱让你留恋
像我一样细碎 痴缠
怀着对花苞的隐忍和兴奋
但你必要相信
夜晚玫瑰清晨菜
周而复始 终将在自己的美里
开花或者写诗

我走后

你依然是人间的小女人

令我牵挂 并代替我有尊严地活着

看尘世满目皆是

脚步雷同 一路飞奔的人

雨水来来回回

这样的快乐 生生世世地绵延

俗生活

一只沾满菜叶的箩筐
出卖了菜市场的繁荣
那里有声声不息的叫卖
和你刚唱罢我登场的人气
所有的果蔬
都来自大地的边缘
陪伴过野花和水
有细碎的窃喜
今天 向人类献上情义

被万物赡养的我们
是否怀有反哺之心
穿过时光的脚步 有些凌乱
不远处有靓车 豪宅和表情淡漠
举目可见的东方明珠
就算是陶渊明的南山吧
菊花犹在
挡住视线的铁栅栏
岂能堪比 东篱

许多事物来到梦的入口
在广场上悠然
对抗时间
舞者的腰扭一扭

一个夜晚就过去了
每个人都怀着东方的耐心
把日子过成一种点灯熬油
我却把光阴和私语 当作点心
小心翼翼地搂在怀里

从绝望到自由
回到农庄 轻掩柴门
纺织 采摘 与秀才品茗
煮酒论英雄
看自闭的花朵摘取蝴蝶的嘴唇
怀着小农经济的意识
画地自狱地写诗

我要提着白底蓝花的旧篮子
装上二两露珠 三两鸟鸣
在夕阳下看五六柱炊烟
跟心爱的人笙吹明月
直至白发渐生
一起完成梁祝的命题
爱情是两个人的与世隔绝

更多的时候
像大地一样孑然一身
做个大开大合的人
允许一些器官承受意外
心平气和地容忍衰老

像月亮和太阳那样不慌不忙
在俗生活里 爱上简朴
任凭时间和市声摩擦
擦出内心的
悲悯 缓慢和逼真

天上星

夜 这宇宙的暗疾
任星星们集结
孤独的石头 瞬间散成
天空的野花
那熹微的蓝光
像极了悲悯

它们伸出银色的小指甲
一边讲述夜色
一边指点山河
烟火人间的现世
瞬间定格于亿万年前

它们拥有旷古的淡定
没有谁能吸吮它的光
内部磅礴的回音
令茫然的天空 着迷

它们叙说天地沉浮
时空缜密无痕 源头不详
地上的人 相继离去
最终都来到了天上

虚妄的冷光

不停地擦拭锈迹

并反复从白昼出发

企图找出 死亡以外的结局

公园里有我热爱的人生

所有关于公园的描述
无外乎三分春色 二分尘土 一分流水
我却在一首诗里
发现公园里有我热爱的人生

蹒跚学步的幼童
是天空放飞的风筝
跟随一只麻雀
无限接近大地

他们以风的速度长成莲花少年
热爱虫蚁
不理会喧嚣和尘埃
想怎么奔跑就怎么奔跑

密林深处的长椅
为爱情备好了后花园
山盟有多热烈海誓就有多决绝
天机 无人道破

和音符一起飞翔的辣妈
把健身当作信仰
用大于爱情的忠诚

忠于健康 忠于轻盈 忠于好景常在

不小心陷入轮椅的晚年
仿佛去过生命的深处
习惯用眼睛行走
并用戏曲 缓慢颐养

在公园一角
有掩映的墓碑
我发现活人和死人
都离不开花草

百年一过
那个叫冬青的人不见了
苍松翠柏和山麻秆
依然绿的绿 红的红

我忍住这让人心悸的念头
不哭喊
把它们化成文字
我担心扁平的纸张 载不动悲情

暮色垂下来了
许多物事慢慢消散 又暗自聚合
比如春色 比如尘土 比如流水
比如一个人 无以复加的热爱

经由波涛说出的

大海一再宽恕
坐在岸边 又起身就走的人
白云升自一道潮汐 演绎消逝和归来
海天一色之下 一切来去自由

每一朵浪花 都对大海深信不疑
它们不断举起倾斜的天空
那些自作主张的部分
任由沉向海底 像鱼一样游泳

海浪空弹光阴的旋律
多少音节突变
而大海故作镇定
它轻易守住了 完好如初的神话

潮起潮落的轮回 径直穿过人间
一年和千年之后的大海 没有什么不同

发现这个秘密时 惊涛不绝
万物各有其运 任谁也不能改变
像鱼一样游泳
穿梭在波浪的合拢处
看清楚用力奔赴的远方
既是天下的归隐之处

没有哪一束波澜 因由怜悯而擅自停下
它们的命运也是转瞬即逝

大海的内心 囚禁了太多的悲喜
一直汹涌着 伺机还给上天
经由波涛说出的 唯有弯曲和虚静
向善的言辞 从来都绕开必死

安　谅

安谅，本名闵师林，另有笔名明人、思霖等。上世纪 60 年代生人，上海人。曾在学校企事业单位和机关工作，经济学博士，高级经济师，嗜爱文学，善于哲思，自幼笔耕不辍，对散文、小说、诗歌、剧、乐剧等都有涉猎，上世纪80年代开始在省市级以上报刊发表各类文学作品，并在著名报刊开设专栏，计有二十余个。出版专著二十余本，著有“明人系列”(小说、随笔等两集)，“青春 轨迹系列”(小说、诗歌、散文、报告文学四集)，“寻找系列”(散文三集，话剧)，“沙枣花香系列”(诗歌、散文等两集，话剧、音乐剧等)及其他经济类专著等，数十篇作品获全国奖或被选入全国年度排行榜，系中国作家协会会员。小说集《阳台上的微笑》《明人日记》，诗歌集《沙枣花香》，散文集《寻找幸福的感觉》《戈壁滩上的真相》《寻找生命的感动》，长篇 纪实文学《援疆日记》，随笔《明人明言微语录》等有广泛影响，被广为转载，深受好评，拥有众多读者粉丝。

飞翔的姿态

站立
也是一种飞翔
如婆娑的树，卑微的草
如街灯，在黑夜里，闪烁
凝然不动
也许内心愈加激荡
卧着的，也飞翔着奔放
如江河流淌
也有隐形的翅膀
马蹄阵阵，是飞翔之声
花蕊吐艳，是粲然的飞扬
我坐在宁静中
我的思想，是最美丽的翱翔。

我不欺骗自己

没有来世
我无比庄严地告诉自己
这样，我就必须让今生的梦
在悬崖也昂首挺立
那展翅欲飞的姿势里
舒放着千古的希冀
等待，是一场老去的故事
约束，是对人性的叛逆
可以继续一名绅士的含蓄
但绝不能欺骗自己
飞起来
听从心的方向
追逐光
直至宇宙的无力

公路在戈壁就是一条河

公路在戈壁
就是一条河
流动，奔放
也轰鸣着滔滔喧响
与河流一样的品性
也有河流一般的模样
逐水草而居
沿公路而生
亮出的旗帜
闪耀着生命的欢唱
从戈壁滩甩出的那一天起
贫瘠和荒凉
就开始逐渐退场

学会俯瞰

如果从树冠上俯瞰
这树根还不如枝叶雄浑
如果从摩天大厦俯瞰
人如蚁虫一般困顿
如果从飞机上俯瞰
耸立的山
也像窝窝头
一声不吭
如果从天穹俯瞰
地球
也就是一握混沌
学会俯瞰
你就知道自己是一个什么样的屃
不必言论
然后
把自己放在大地上
可以站得更稳

生命有多少借口

有多少借口
可以让自己甘于平庸
我也曾试着逃离辉煌的霓虹
但我拒绝长久独对这单色的天空
如果从此融入这片迷蒙
熟悉我的人们
将如何找寻这一个的影踪
不是少了一颗星星
白日里独特的亮色
要比黄金更加耀荣
甘于平凡
太多自欺欺人
鸟飞天空
啼声就是留痕

定稿

我对未来设计了很多草稿
有的不与人言说
算是腹稿
拿出来的
那些急就篇章
写得潦草
始于我无懈可击的青春年少
有的人并非知晓
看懂的也只是华丽辞藻
那花草遮掩着的泥土的芬芳
是人生真正的味道
这些年
我发现我只做了一件事
去芜存菁
我一直在等待着你
给我定稿

定格

最好把时间定格在某个夜晚
最好定格那一缕目光，那一句话
定格心旌摇荡
定格呢喃
时光的流动
也载来了毫不间断的变幻
哪一刻更真
哪一时真是浮云
谁的眼睛可以洞穿
也许定格是一种放大的端详
是安顿一种躁动不安
是一种记忆的固态
也是为了定格心灵的呼唤……

抉择

人生最难的功课
是抉择
我早就说过
路往两边开
谁知道哪一条更合适自己
抑或更少坎坷
或者玉
你捧在手心的
和挨着你手边的
哪一个
更纯粹更剔透
要目光如炬
洞穿百年之后的魂魄
要真正舍得
而舍与得
是矛与盾
是绕不过的江河
我凝望着东逝的江河
江河也凝望着我

底线

像插在鞘里的剑
挂在墙头
并不轻易亮闪
但它一如屋梁存在
挺直而无言
撑起了一片世界
那些常常舞剑的项庄
意在自炫
刀光剑影
只是空中芦苇的叠现
我年幼时玩过剑
那是为了摆谱自命不凡
而我现在
从不随意亮剑
但属于我的底线
我也不会让它在随意中
唯见空悬

最美的梦

黑夜应该过滤白天的忧郁
只分泌甘露一般的星星
闪烁在大脑沟回
无声地歌唱
轻盈地游移
应该有风，一池涟漪
应该有荷，不染于泥
灼热的希冀
如花静美，开放一地
全身心的期许
如月之微笑
在空灵中飘逸
当然应该还有一个你
两相偎依
那甜柔的话语
扬之如絮
净如玉

黑夜，是一天的封面

一袭夜幕
覆盖了生动的时间
翻飞的纸页
阳光浸染
人生
谁不是穿行在书里书外
只有封面暂时合上
离开字里行间
梦境才像露水一样显现
又像露水一样消散
直至封面重又启开
一页故事又不可阻挡地走来

种一棵树

找我长久站立的一处
朝着南方
种一棵树
不要高大茂密也无需珍贵名木
就像我的身子
离群索居
抖落古沙漠万年的尘土
在我走了之后
支撑一片天地
凝结一个时代的孤独
从黎明到夜深
给看见过我的人
一种生命的感动

秋日私语

这个季节的手指
细长如柳
拨动的音符似片片落叶
满街尽是飘浮的忧愁
云也是孤独地高洁
不可停步的时光里
一声长长的叹息
漫天舒卷
为了故乡正在的清瘦
心也在飘悠
即便如戈壁沙漠
也有枝丫
轻轻地启口
走在空旷的街上
我与一朵云短暂地对视
目光熟透
就像一对默契的歌手

梦在宁静中飞起来了

倘若你想拥有
请保持平静
如果你真的放弃
自可烦躁任性
不是什么都像足球一样
必须疯狂地抢夺
也不是心里天天着火
就有不败的气韵
让夜静寂
让风止息
让一半心灵沉睡
让一半心灵微睁着眼睛
梦变得轻盈
在宁静中轻轻地
轻轻飞起来了
像月光在宁静中
散淡地漫行

君子的风骨

君子就是在冷嘲热讽中打磨的
君子就是在水深火热中提升的
君子就是在荣辱生死之间
找寻到属于人的质地
由此反复淬炼的
君子走出襁褓的那个瞬间
阳光也会自叹不如
君子之后凝成了神山上的那片雪峰
千年不化
孤傲而又寂寞
却拥有凛然的风骨

打乒乓的少年

阳光下
两位少年
在狭窄的板凳上
打起了乒乓
一招一式
还挺像模像样
白色的小球
跳跃着的梦想
好久好久 没有落下
有风沙飘过
引出一个孩子的泪花
但他还是稳稳地接住了
那神情仿佛接住的
是一个世界
我在楼上远远地看着他们
好像在天穹上俯望
那小小寰球会越发稳当地
在他们的手上

父亲每天唤我起床

从小
都是父亲唤我起床
在我耳畔轻扬
就像漫进窗户的一缕阳光
我感觉自己
就是在这轻唤中长大
长成了一棵高大的白杨
长大了
父亲还是每天唤我
隔着一堵门墙
现在父亲已升入天堂
我还是每天听到父亲的轻唤
隔着一道生死界
还是那么慈祥
我飞身起床
很快就走进了这新生的阳光

青春的小鸟

不规则的痘痘里
有个叫青春的名号
她集聚了太多的激情分子
把春天的色素
飘染到了每个日子的神经末梢
那个男孩想用帅气的理由
要驱散这些顽固的小鸟
我又以青春的名义制止了
多少人唤它都不回呢
即便内心澎湃着火山一般的呼啸
在当下
有时候标签
比内涵更为重要

一种遐想

很想在这都市街头巷尾
无所事事青春地溜达
让孩子们的瞳仁里
映出一个长大男子的安详
并用一个下午
对路旁的古树细细考量
或者就想一件心事
聆听一阕乐曲的悠扬
在绿地的长椅上
雕塑一般
任由小鸟栖息在我肩上
我想放慢明天的到来
不是惧怕
是遗憾太多的日子已被匆匆打发

图书在版编目（CIP）数据

上海诗歌精选：2013—2016/张烨主编. —上海：文汇出版社，2019. 4
ISBN 978-7-5496-2530-7

Ⅰ. ①上… Ⅱ. ①张… Ⅲ. ①诗集－中国－当代 Ⅳ. ①I227

中国版本图书馆CIP数据核字(2018)第072125号

上海诗歌精选（2013—2016）

主　　编：张　烨
出 版 人：周伯军
责任编辑：张　涛
装帧设计：梁业礼

出版发行：文匯出版社
地　　址：上海市威海路755号
经　　销：全国新华书店
印刷装订：上海颛辉印刷厂

版　　次：2019年4月第1版
印　　次：2019年4月第1次印刷
开　　本：700×960　1/16
字　　数：200千
印　　张：21.5

ISBN：978-7-5496-2530-7
定　　价：88.00元